陸羯南

筆一本で権力と闘いつづけた男

小野耕資

K&Kプレス

目次

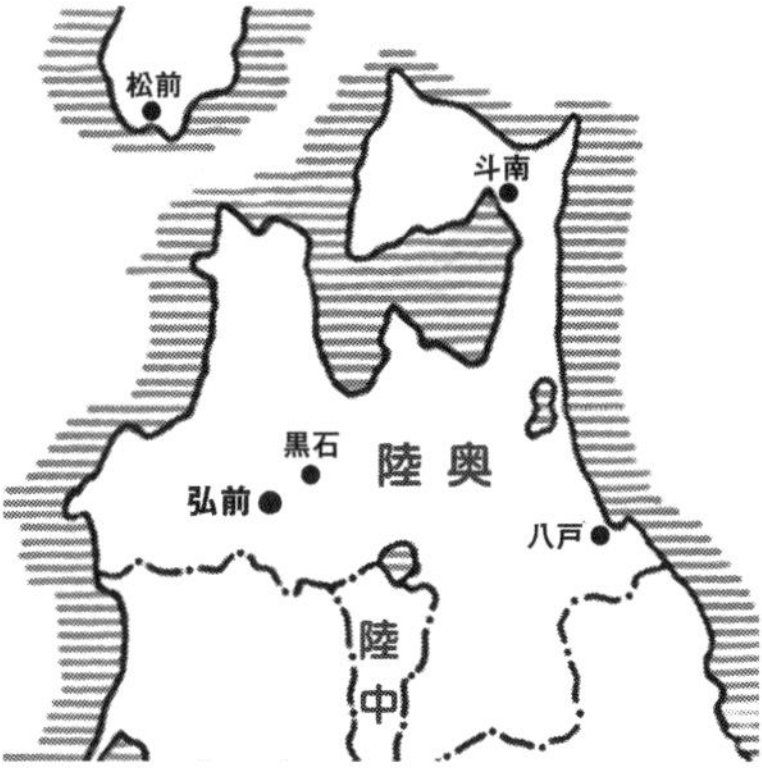

※原文には適宜改行や句読点、ルビ、中略等を施した。
また一部に論説や評論を要約した箇所、会話として再構成した箇所がある。

はじめに――筆一本で権力と闘いつづけた男　陸羯南

真弓《まゆみ》にも　征矢《そや》にもかへて　とる筆の　あとにや我は　引き返すべき

時代が時代ならば弓矢をとって勇敢に闘うところであるが、自分はそれに代えて筆を執って闘ってきた。自分は絶対に後には引き下がらないのだ、という歌だ。

この歌を詠んだ人物こそ、明治時代の言論人、陸羯南《くがかつなん》である。

羯南は弘前出身。安政四年に生まれ、東奥義塾、司法省法学校等を経て上京。明治二十一年に新聞『東京電報』を創刊、その後明治二十二年に改題し新聞『日本』を創刊した。筆力、見識において、当時並び立つ者はいないとも言われた大新聞人であったが、比較的短命だったこともあり、現在では世間にはあまり知られていない人物である。

羯南は自ら興した新聞『日本』を弓矢に代えて、権力と闘った。

羯南の新聞『日本』は、明治二十二年から八年間で三十回、二百三十日もの発行停止処分を受けた。これは他紙と比べて群を抜いて多い。それほど羯南の言論は時の権力に恐れられていたのだ。

はじめに

なぜ羯南はそこまでして権力と闘わなければならなかったのか？

それは日本に対する強い愛情があったからだ。

当時の明治政府は、欧米列強に媚び、外国人裁判官を入れるなどといった屈辱的条件による条約改正を進めようとしていた。

また、政府は一部の商人と癒着し、それにより経済格差は開き、富める者はますます富む一方で、街にはスラム街が生まれ、飢えに苦しみ明日をも知れない生活を送る人々がたくさん生まれていた。

「こんな日本であっていいはずがない！」

そんな義侠心が羯南を突き動かした。

政府権力が外国に媚びる軽薄さを批判し、国権を高らかに主張しながら、同時に民権にも思いを致す。それが羯南精神であった。

経済弱者も同じ日本人であり、彼らが日本のために持てる才能を生かせる日本でなければならない。そんな世の中にするためには、権力と闘うこともいとわなかった。それが陸羯南という男だ。

今の日本人は、闘う気概に欠けている。

現代もまた、強い外国に媚び、弱き民は虐げられる時代である。「今だけカネだけ自分だけ」の精神がはびこり、正義を貫くためには闘うことも辞さないという生き方は愚かで無意味なものとなってしまった。経済効率がすべてで、あらゆるものがカネで換算される世の中では、「世のため人のため」に何かをすることは軽んじられた。

対米自立の旗は忘れ去られ、米軍基地はいまだにわが国を占領し、そこで起こった事件に対しては治外法権状態がつづいている。

また、権力者が「カイカク」に躍起になり、貧富の格差を開き人々を分断し、無節操な外国人労働者の流入やグローバル資本の参入に積極的に道を開こうとする。自由貿易協定と称して、関税を撤廃し、国内産業を守る防波堤を自ら放棄する始末である。明治時代、人々が命を懸けて取り戻した治外法権と関税自主権が、今またむしばまれてしまっているのだ。

あまりにおかしい。

このように節操を失った日本人がはびこるのは、闘う言論人陸羯南を忘れているからだ。

羯南の事跡は、今改めて顧みられなくてはならない。言論という場で捨て身で闘いづつけた羯南の人生は、必ずわれわれを鼓舞してくれるに違いないからだ。

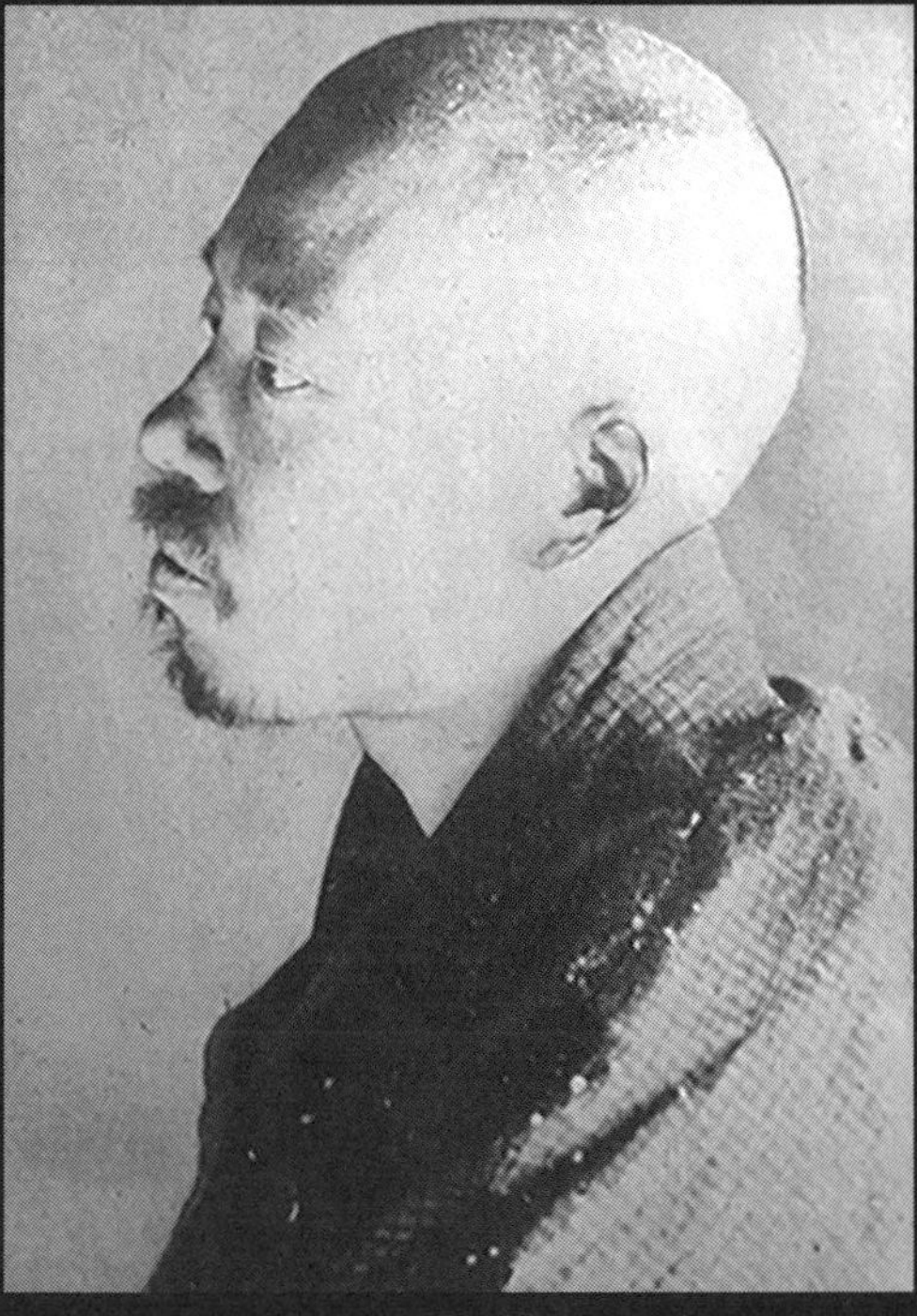

正岡子規

十数年の間骨肉も出来ぬ世話をしてくれた

明治四十年九月二日、大言論人陸羯南死すの報は日本中を駆け巡った。羯南の権力の威武に屈せず、富貴の誘惑にかられぬ言論に懸けた人生を誰もが思った。当時の『朝日新聞』は、羯南の親友加藤拓川《たくせん》（恒忠《つねただ》）にインタビューを行っている。

「陸《くが》は古い朋友でした」

そう始まる拓川の思い出話は、九月五日から七日にかけて三日間も『朝日新聞』に掲載される異例の扱いを受けた。

「世には陸の為人《ひととなり》を誤解して、極めて頑固な男か、又は仙人の様に思ふて居る人があるやうだが、決してさうではない。但飽迄《ただあくまで》意思が強く自分の所信はいかなる場合いかなる人に向かつても一歩も曲げない、いかなる逆境に逢ふても自分の本心がしたくないことはしない、所謂威武も屈する能はず富貴も移すことのできぬ男だ」

そうして拓川は青年期の羯南との思い出話や羯南の人柄のわかるエピソードなどを話すのであった。そして、

「新聞に従事後の陸君の事は、君等の方が善く知つて居るから自分は言はぬ」

と黙った。インタビュアーは羯南の興した新聞『日本』で記者を務めたこともある、明治時代の大新聞記者池辺三山《さんざん》であった。羯南のもとから巣立っていった言論人はとても多かったのである。

拓川は、

「僕の甥の正岡子規なども、僕が始めて西洋に行く時一言たのんで置いたのを忘れずと、十数年の間骨肉も出来ぬ世話をしてくれた」

と語ってインタビューを終えた。

そう、羯南の親友拓川の甥で、羯南が育てた言論人の一人こそが、正岡子規だったのである。

子規は羯南の「父親」だった

明治の言論人、陸羯南――。

功成り名を遂げた好々爺ではない。一介の野人である。

「日本はこれでいいのか！」

という義憤だけで明治二十二年に新聞『日本』を創刊、明治四十年に病に倒れ、この世を去るまで独立独歩を貫き、天下国家のために筆一本で闘いつづけた。そんな羯南の背中を追いかけた後進は少なくない。

明治二十四年、三十五歳の羯南はすでに後輩の新聞記者から「先生」「翁」と呼ばれていた。当時の新聞記者は、政界のスクープを追い、名を上げて政界に進出してやろうという野心家の群れであった。「狼」とも「羽織ゴロ」とも呼ばれていた。腰かけの職業であったし、馬鹿にもされていた。そんな「狼」たちの先生が、羯南だったのだ。

カネのためでもない、党のプロパガンダでもない。国のため、民のため、一人ひとりが日本を背負う覚悟で発言するのだ——。そういう羯南の姿から、後進は「如何に新聞記者なる天職の貴き」かを知ったという。羯南のもとで働いた古島一雄《こじまかずお》という人物の回想である。

こうして新聞記者は「腰かけ」から「天職」になった。その中でも、万感の敬意をもって死ぬまで羯南を尊敬していた「狼」がいた。日本人なら誰もが知る歌人、正岡子規である。

子規庵——。
結核に倒れた子規が最晩年を過ごした場所である。鶯谷《うぐいすだに》駅から五分ほど歩いた場所に、今も保存されている。この住居は、羯南が世話したものであった。

子規はここで『病牀六尺《びょうしょうろくしゃく》』、『仰臥漫録《ぎょうがまんろく》』といった主要な著作を記した。関東大震災、東京大空襲で二度全焼しているが、当時の面影を残すよう配慮のうえ再建されている。

「小園は余が天地」

子規は自らが住む一角をこう表現した。

子規庵を訪ねてみると、小さな二軒長屋で、庭もついているが広い場所ではない。子規が弟子に送られ喜んだ、当時は珍しいガラス戸も再現されており、俳句によく詠んだヘチマも植えられている。子規は、まさにこの狭い空間しか知ることができない中で懸命に生きていたのだ。

そんな子規の世話をしていた人物は、妹の律、そして子規が勤めた日本新聞社の社長、陸羯南であった。

羯南は小さな空き地を挟んだ隣に住んでいた。生前子規が入院した時の費用も羯南が負担していた。そうした物質的な支えだけではなく、羯南は子規の父代わりのようになって子規の世話をした。

子規が羯南をいかに敬愛していたかはその俳句によってもうかがえる。

隣から　ともしのうつる　ばせおかな

芭蕉《ばせお》破《や》れて　書《ふみ》読むる君の　声近し

子規の家と羯南の家の間には芭蕉が植えられていた。最初の句は隣家からの灯りが芭蕉に映ることで「羯南がいるんだな」と子規が実感しているさまを詠っている。二番目の句は芭蕉の葉が破れたので隣家で書物を読んでいる羯南の声が近くなったように感じられるという歌である。

子規は結核とともに併発した脊椎カリエスにより動くことができない。狭い世界の中で、変化も希望もない日常だ。自分の生はゆっくりと閉じようとしている。自分は何のために生まれ、何のために死んでいくのか——。そんな中で、羯南の灯りや羯南の声が子規の心の支えになっていたのである。

正岡子規と陸羯南の出会い

そんな子規と羯南の出会いは明治十六年十一月にさかのぼる。

子規の叔父である愛媛県出身の加藤拓川は、フランス留学を控えていた。拓川は司法省法学校で羯南と同級生であり、ともに放校となった人物であった。羯南と拓川は司法省法学校を突如薩摩人校長から追い出されたのである。背景には薩長とその他の藩出身者との境遇の違いがあった。

その後、拓川は中江兆民の塾に通った。拓川はフランス留学に向けて準備を進める中で、羯南に甥を託した。

「このごろ、国元から甥のヤツが突然やってきたが、まだホンの小僧で、何の目当てもなくてな。『何しに来たのか』と聞いてみたら、『学問をしに来ました』と言うておるんだ。僕も近々外国に行くのだし、世話も監督もできるじゃなし、いずれ同郷の人に頼んでいくつもりだが、君のところにも行けと言っておいたから、来たらよろしく会ってくれたまえ」

この甥こそ、正岡子規である。子規は松山中学を中退して上京したばかりであった。二、三日経つと、羯南のもとを十五、六歳ぐらいの少年が訪ねてきたではないか。

「これが加藤が言っていた甥っこだな。いかにも田舎から上京したばかりという感じじゃないか」

そう直感し、羯南は、浴衣一枚に兵児帯で現れたこの十六歳の少年を温かく迎え入れた。この時羯南二十六歳。まだ新聞『日本』を創刊しておらず、フランス語ができることを生かし太政官御用掛《だじょうかんごようがかり》文書局に勤めていた頃だ。

子規はどこか無頓着な様子で、

「加藤の叔父が行けと言いますから来ました」

と言い、他に何も言わない。羯南は、ずいぶんぶっきらぼうな少年だと思いながら、

「ハァ、加藤君から話はありました。これから折々遊びにおいでなさい。私の家にもちょうどアナタくらいの書生がおりますから、お引き合わせしましょう」

と言い、自分の甥を引き合わせた。だが自分の甥と子規との会話を聞くと、子規の口ぶりはとても十五、六の田舎から出てきた子どもの会話ではない。その大人びた口ぶりに、

「見た目は似たようでも、甥とはまるで比較にならない」

羯南はそう直感した。

「さすがに加藤の甥だ」

と思わずうならざるを得なかった。拓川はただ自身の洋行のために子規を羯南に託したのではない。子規の文才を高く評価し、それをさらに伸ばすために羯南に預けたのである。

新聞『日本』で展開した和歌・俳句論

その後羯南は明治二十一年に『商業電報』を買い取り『東京電報』を創刊。翌年二月十一日に『日

本』と改題する。『日本』が創刊されたのと同じ明治二十二年、子規は肺結核と診断される。「子規」とは鳴いて血を吐くと言われる「ホトトギス」という意味であり、まさに結核になった自らを現している。

実は子規は『日本』に入る前、「月の都」と題した小説を執筆している。

「面会謝絶」

そんな張り紙を玄関に貼って引きこもり、正月を返上して書き上げた。子規は、親友である夏目漱石に、

「自信作さ」

と大いに自慢した。

子規は、出版先を求めて自作を幸田露伴に持ち込んだ。当時、出版社は実績のない新人の本など出さなかったのである。新人が出版する場合は、誰かのコネで推薦してもらう必要があった。そのコネを露伴に求めたのは、「月の都」の構想を露伴の小説を読んでひらめいたからであった。

「露伴ならこの小説の良さをわかってくれる。露伴に版元を紹介してもらおう」

そんな魂胆であった。

現代人にはあまりそういうイメージが湧かないが、実は子規と露伴は同い年である。子規が露伴に持ち込んだのは、文壇では先輩にあたる同い年の露伴に、勝手に親近感を感じていたのかもしれない。

子規は露伴を訪ね、話をするが、一度目は雑談で終わってしまった。あきらめず再度露伴を訪ねるも、露伴は不在。しかたなく送りつけた。すると後日、子規のもとに露伴の使いの者が訪れ、「覇気強し」という評とともに子規の小説を送り返してきた。子規はむべもなく紹介を断られた形となった。挫折であるとともに、屈辱であった。

「拙著はまづ、世に出る事、なかるべし」

と大いに落胆した。

もともと子規は文学者志望ではなく、政治家志望であった。

「立身出世して、国を動かしてやりたい」

しかし、結核になってしまった今、それは儚い夢となった。どうせ長くは生きられない。せめて文章で国を動かせないか――。だがその希望もまた、露伴に拒絶されたことで、水泡に帰そうとしていた。

そんな時である。

　ある日羯南は子規を呼びつけ、

「『日本』に何か書いてみないかね」

と『日本』への執筆を促した。子規の苦悩を知った羯南の、なんとか執筆場所を与えられないかという親心であった。子規はこの申し出を快諾。意気洋々と『日本』に書き始めた。この時子規にとって羯南は、「叔父の親友」から「恩人」へと変わった。

　子規が書き始めたもののひとつで、名物になったのが、和歌論、俳句論であった。実は露伴に小説を見せた時に、露伴は「小説はともかく、小説の中に出てくる俳句は素晴らしい」とほめたのである。自信家の子規は気をよくして、俺には俳句や和歌の方が向いていると言い出した。

「人間よりは花鳥風月がすき也」

　人間を描く小説よりも、花鳥風月を愛でる俳句や和歌に一気に傾倒することとなった。

　こうして子規は明治二十五年から『日本』に和歌、俳句論を書き始めることとなる。同年、日本新聞社に正式に入社。羯南は、子規に「好きなように書け」と激励した。

　子規の俳句論、和歌論は激しい。松尾芭蕉は「月並」で、紀貫之は「下手な歌詠み」だと罵った。理屈や技巧ではなく、心に感じたままを現す「写生」を重んじ、はるか昔の「万葉集の時代に還れ」と主張した。

子規の激しい和歌、俳句論は反発を呼んだ。外部からの批判だけでなく、和歌、俳句に一家言持つ社内の人間からも異論が続出したという。実は羯南自身も子規の和歌、俳句論に納得しない部分があった。

だが羯南は、

「あいつの好きに書かせると決めたんだ」

と、子規の発言の場を摘むようなことは決してしなかった。それどころか、羯南は姉妹紙「小日本」の編集長に子規を抜擢するなど、その活躍を後押ししている。

羯南が気に病んだのは、子規の薄給である。『日本』は貧乏新聞社だ。大した給料は出せない。子規の初任給は十五円だった。他紙と比べても安い給料だった。

「薩摩長州何する者ぞ、束になってかかってこい！」の『日本』であったが、病気の子規を低賃金で雇うのは、羯南にとっては後ろめたいことであった。

羯南は子規に、

「来年になれば昇給させることができる。それまで足りない費用は自分が負担する。それでも不満なら国会新聞や朝日新聞を紹介しよう」

と言い出した。

子規はこの羯南の申し出を即座に断った。

「何百円積まれようとも自分は他紙には行かない」

「人間の尊卑は収入の多寡ではない。『日本』には正しく学問のできた人が多い。『日本』にいる方がいい」

子規は『日本』を愛してやまなかった。

病魔との闘いの中で深まる絆

このように子規の活動を支えてくれた羯南に、子規はどうしても恩返しがしたかった。そして『日本』に貢献したかった。明治二十七年に日清戦争が開戦。各紙戦況を逐一新聞報道した。日本史上もっともマスメディアが国民から注目を集め、部数を増やした時代がやってきた。

「ここで貢献せずにどうする」

そう思った子規は羯南に直訴した。

「自分を従軍記者として清国に派遣してくれ。どうにかして従軍しなければ男に生まれた甲斐がない」

羯南は強く反対した。

「君は病気だろう？　病気の君を派遣するわけにはいかない。死にに行くようなものだ」

だが子規の決意は固く、従軍の意志を曲げなかった。その結果、清国行が認められた。子規は悦び勇んで清に渡ることとなった。

「軍中従軍記者を入るるは一、二新聞の為めにあらずして、天下国家の為めなり」

こういう子規は、自らが従軍していた近衛師団の記者に対する冷淡な対応に憤っている。

「此の如き軍隊は戦争に適せざるなり」

「立憲政体の本意に非《あらざ》るなり」

軍に入っても軍に媚びない子規の気骨が感じられる。

羯南はこの子規のルポタージュをそのまま掲載した。これによって軍関係者や政府ににらまれるといったことなどお構いなしだ。羯南もまた気骨の人である。

だが、結果的に子規の清行きはほとんど徒労に終わった。子規が遼東半島に到着した直後に下関条約が結ばれ、清国が降伏したのである。子規は、やむなく何もなさないまま帰国することになった。

その帰りの船中である。気分が悪くなった子規は激しくせき込み、喀血する。無理がたたって結核は一気に進行してしまったのだ。これ以後子規は療養生活に入ることとなった。

そんな中ではあるが、明治三十二年には、羯南は待望の長男を得た。女ばかり生まれた中でやっとさずかった男子である。羯南は長男を「乾一」と名付けた。

子規は、

五女ありて　後の男や　初幟《はつのぼり》

と祝いの句を贈った。それに対し羯南も、

のぼり買ふて　孫祝うべき　はつおとこ

と返した。

しかし翌年、乾一は突如夭折してしまう。羯南の心痛はひどいものであった。

子規は、

ふちに住む　龍のあぎとの　白玉の　手にとると見し　夢は醒めけり

と弔歌を詠んだ。

その後羯南に男子が生まれることはなかった。百年以上前の明治時代のことである。跡継ぎ

のことなど、一般人と言えどまだまだ男子が望まれる時代であった。『日本』の挿絵を担当していた中村不折は羯南に、

「家督のことはどうされるのですか」

と聞いた。すると羯南は、

「僕の家なんか継ぐ価値があるのか。僕が死んだあと、継いでくれる人がいたらその人に頼むだけだ」

と頓着しなかったという。

カネに困っていたこともあるだろうが、羯南は妾を持ってまで男子を作ろうとはしなかった。結局陸家は、妻の親戚の子である四郎を養子にもらって跡継ぎとした。


子規の病状は一時は小康状態となり、『日本』に復帰することとなった。

だがすぐに脊椎カリエスを併発してしまう。結核菌が脊椎にまで侵入し、骨を溶かし化膿させ、ついに布団から起き上がることもままならない状態となった。いよいよ死が目前に迫ってくる中で子規の筆は一層冴えわたることとなる。この頃『ホトトギス』も創刊し、子規の歌の革新事業はますます活性化することとなり、読者も激増した。

子規はこの頃の思いを夏目漱石宛の手紙にしたためた。

「『日本』ハ売レヌ、『ホトトギス』ハ売レル。陸氏ハ僕ニ新聞ノコトヲ時々イフケレドモ僕ニ書ケトハイハヌ、『ホトトギス』ヲ妬《ねた》ムトイウヤウナコトハ少シモナイ、僕ガ『ホトトギス』ノタメニ忙シイトイフコトハ十分知ツテ居ル故……………（コノ間落泪《らくるい》）

僕ニ『日本』へ書ケトイハヌ。ソウシテイツデモ『ホトトギス』ノ繁昌スル方法ナドヲイフ。『日本』へ対シテ面目ガナイ、ソレデ陸氏ノ言ヲ思ヒ出ストイツモ涙ガ出ルノダ、徳ノ上カライフテコノヨウナ人ハ余リ類ガナイト思フ（ソノ陸ガ六人目ニ得タ長男ヲ失フテ今日ガ葬式デアッタノダ、天公是カ非カナンテイフ処ダネ）」

子規は脊椎カリエスの痛みで泣き叫ぶほどであった。それは看病していた妹の律に対し「強情で冷淡な女だ」などと八つ当たりしなければ済まないほどであった。だがそんな中にあっても羯南が見舞いに訪れ、

「僕がいる、僕がいる」

そう言って手を握ったり額をなでたりすると、不思議と子規は痛みを忘れるのであった。

羯南は「子規の気晴らしになるだろう」と、恥ずかしがる幼い娘にチマチョゴリを着せて子規に見せたり、車夫に子規をおんぶさせて庭を散歩させたりと、なんとか子規の気が晴れるよ

う手を尽くした。羯南が子規庵で催し物をすると、弟子の高浜虚子や中村不折など子規の枕頭には多くの人が集まり、光が差すようであった。

子規の死と羯南

子規の病苦はいよいよ深刻となる。もはや「生きているのが奇蹟だ」と医者に言われるほどになっていた。この頃の子規の新連載の題名は、「病牀六尺」。体の痛みに七転八倒しながら、そこから見える世界を克明につづった。この連載は大いに評判を呼んだ。

子規はもう立てなくなっている。『日本』編集部は、「病人である子規が無理して『病牀六尺』を書き続けるのもかわいそうだ」と、掲載を中止したことがあった。子規はそれを知ると即座に手紙で抗議した。

「僕ノ今日ノ生命ハ『病牀六尺』ニアルノデス。毎朝寝起ニハ死ヌル程苦シイノデス。其中デ新聞ヲアケテ『病牀六尺』ヲ見ルト僅ニ蘇ルノデス。今朝新聞ヲ見タトキノ苦シサ。『病牀六尺』ガ無イノデ泣キ出シマシタ。ドーモタマリマセン。若シ出来ルナラ少シデモ（半分デモ）載セテ戴イタラ命ガ助カリマス」

羯南の『日本』に書く――。それだけが子規の生きる意志となっていた。

そんな中で子規は自ら墓誌銘を作成している。死が日常にあった子規らしいと言えばそうだが、その感覚は凄まじい。

「日本新聞社員タリ。月給四十円」

子規は自らの墓誌銘にそう記した。十五円だった初任給は少しずつ上がり、今や妹や母親を養うまでになっていたのである。あえて月給の額を記したのは、経営が苦しい中でなんとかそのカネをひねり出した羯南を思ってのことであろう。

墓誌銘には俳句や和歌の革新など、子規が全霊をもって取り組んだ事績については何も書かれていない。

「俺は『日本』の社員なんだ！」

子規にはそれだけで充分であった。

明治三十五年九月十九日、正岡子規死去。

子規が亡くなった日は月明かりの明るい夜であった。羯南、高浜虚子、河東碧梧桐《かわひがしへきごとう》、寒川鼠骨《さむかわそこつ》ら親しい面々が集まり暁を待った。静かな、あまりに静かな夜であった。

夜が明けると、羯南宅を本陣として、葬儀その他の相談がなされた。子規の葬式等にかかわる事務や費用は羯南が負担した。子規の生前の遺志に基づいた、簡素な葬式が営まれた。

子規が日本新聞社にいたのは七年ほどでしかない。そのうち記者として活躍できていたのはわずか三年ほどだ。短い期間であったが、子規の日本新聞社への愛着は深いものがあった。だからこそ、子規は俳句や短歌の革新ではなく、日本新聞社の社員であったこと、そして月給の額まで墓誌に記そうとしたのだ。

わたしは思う。命を懸けて行う言論とは、単なる思想信条の発露だけではなく、「命を懸けてもよい」という人との出会いがあってこそだと。子規にとってそれは羯南であった。羯南と育んだ信頼関係が、子規を後世にまで残る俳人にさせたのである。人と人との出会いはこんなにも強い力を生むのだ。そう思うと、羯南と子規の出会いに瞠目せざるを得ないのである。


田端の大龍寺に子規の墓がある。大龍寺の正門の脇には、「子規居士墓所」と書かれた碑が置かれた。

子規の墓の表面には「子規居士之墓」と書かれた。この字を揮毫したのは羯南であった。子規が作った墓誌銘は当初置かれなかったが、のちに墓の脇に建設された。子規がよく俳句に詠んだヘチマの図柄があしらわれたもので、今も大龍寺にある。

賊軍の地・東北が育んだ反骨精神

明治16年
羯南（中央）、加藤拓川（左）、國分青厓（右）

幼少を過ごした弘前

正岡子規がこれほど愛し、父として慕った人物が、羯南であった。だがそもそも羯南とは何者なのだろうか。これほど誇りを持った新聞『日本』とはいかなる存在だっただろうのか。そして、そもそも彼が生まれた弘前とはどういう場所だったのだろうか。

弘前――。日本列島の北端、青森県の日本海側に位置するこの地は、「陸奥《みちのく》」の語感がしっくりくるような場所だ。今でも雪深く長い冬を耐え忍び、春を今か今かと待ちわびるような地であり、明治時代はなお一層厳しい寒さに苛まれていたことであろう。

それでも弘前は北東北の商業の中心で、弘前城を中心として栄えた街であった。維新の敗北者となった明治時代以降も、それは変わらなかった。

江戸時代も後半になると、日本全国で教育熱が沸騰し、各藩の藩校が上級武士だけではなく下級武士にまで教育を与えるようになり、また私塾も多く作られた。羯南の生まれた津軽藩もまた、そうした藩の一つであった。

羯南は安政四年にこの地に生まれた。父は津軽藩の茶道師範中田謙斎。羯南は号で、本名は

「実《みのる》」という。巳年《みどし》に生まれたので、幼い時は「巳之太郎《みのたろう》」と言ったが、のちに「実」に改めたのだ。

羯南の生まれた在府町は、弘前城のお膝元である。今も古い家屋の残る風情のある町並みとなっている。生誕地には、有志によって「陸羯南生誕の地」という看板が立てられたが、地権者の都合で撤去されてしまったようだ。

私塾・思斉堂――。ここは津軽藩の藩校の教官、古川（工藤）他山の私塾である。中田実少年はここで学んでいた。

明治四年頃、他山は実少年に、

「漢詩を作ってみたまえ」

と命じた。

実少年は、

「風濤自靺羯南来」（匈奴が嵐のように南にやってくる）

と詠んだ。頼山陽《らいさんよう》の『日本楽府《がふ》』にある「蒙古来《もうこらい》」を下敷に作ったのである。

他山は、

「素晴らしい詩ではないか」

と激賞した。

匈奴の南下になぞらえる形でロシアの南下への警戒を意味したこの詩をほめられたことは、実少年にとってはとてもうれしい出来事であった。自らの志を認めてもらえたような気分になった。幕末生まれの実は当然のように藤田東湖の水戸学や頼山陽などの学問を教養として身につけていた。津軽藩は江戸時代の軍学者である山鹿素行の学問が盛んな場所でもあり、実の思想には素行の学問の影響もあった。弘前という日本の北部にあった地だからこそ、ロシアの脅威に鋭敏になったのであろう。

「この詩をもとに、『羯南』を号としよう」

それ以来実少年は「羯南」と名乗ることになったのである。


羯南の家庭環境は複雑である。父中田謙斎は、祖父喜斎の養子である。しかしなかなか男子に恵まれなかったために、喜斎の妾の子である俊二郎を謙斎の養子とすることとなった。その後羯南が生まれたのである。羯南は謙斎にとっての男長子（幼名は巳之太郎）でありながら次男扱いとなり、俊二郎が長男扱いとなった。

母なほは羯南が四歳の時に病没するため、母の記憶もおぼろであった。しかも謙斎は後妻を迎え、異母弟妹が生まれていき、羯南は中田家には居場所がない。羯南は叔母の世話になって育った。

羯南の妻であるてつは、のちに「羯南は幼い時に母に死に別れたので、あまり元気のある人ではなかったそうです。この幼時の悲哀はその小さい胸を傷つけたとみえて、他の少年のように快活ではなく、極めて内気であったかもしれません」と語っている。

「中田家を出よう。そのほうが丸く収まる」

羯南なりの気遣いであった。

羯南は「親戚の陸治五兵衛の家を継いだ」と称し、「陸」の苗字を名乗った。だが、そんな親戚はどこにもなかった。創作で「○○家を継いだ」と言い張っても通用してしまうようなおおらかな時代であった。

「日陰者」としての東北人の意地

明治維新は欧米列強の植民地支配への恐怖から始まり、そこに江戸時代前期から少しずつ育ってきた尊皇思想が不思議と結びついて実現した。幕末の頃には討幕派も佐幕派も「勤皇」を自称するまでになっていた。

あくまで倒幕を目指す薩長と、幕府を助けつつ勤皇を実現しようという江戸幕府及び会津藩の対立は避けられなくなる。薩長は戊辰戦争を起こし、幕府を撃ち破った。しかし会津藩は東北諸藩を味方につけて東北の地に立てこもった。奥羽越列藩同盟である。しかしこの奥羽越列藩同盟も薩長の武力の前に屈することとなる。東北の地位は地に落ち、東北の山々は「白河《しらかわ》以《い》北一山百文《ほくひとやまひゃくもん》」とまで言われるほど軽んじられたのである。

羯南自身、

「東北人は維新戦乱の敗北者なり。明治初年の日陰者なり」

と自虐的に論じたこともあった。薩長への反発はこのことへの怒りであった。

国のため　心つくしの　琴の音を　陸奥人《みちのくびと》は　いかにききけむ

のちに詠んだ羯南の歌である。陸奥の人として薩長藩閥には反発するも、それでも日本のために発言する――。それが羯南の精神である。

羯南の故郷弘前に対する見方は複雑である。薩長はたしかに許しがたい。だが、「津軽藩出身の自分にそれを言う資格があるのか」という後ろめたさも同時に持ち合わせていた。

津軽藩は、戊辰戦争では当初奥羽越列藩同盟に属したが、戦況の悪化とともに脱退、新政府に与することとなった。だが当の戊辰戦争では庄内藩、盛岡藩など旧幕府軍に相次いで敗北するが、奥羽越列藩同盟を脱退した功績により、戦後新政府より一万石を加増された。

加増こそあったものの、津軽藩は維新の功臣には到底数えられず、かといって新政府に寝返ったので会津のような「最後まで戦った」という誇りも得られなかった。

当時羯南は十一～十二歳の少年であった。

このことは羯南が弘前に厳しい見方をするのに大きな影響を与えている。羯南は後々まで津軽人の党派性、酒好きなところなどに苦言を呈しつづけた。地元には、そうした羯南を快く思わない人もいたらしい。だが、このように中途半端な態度を取った津軽藩に生まれた羯南の出自は、「自分は絶対に半端な態度を取らない」という決意の基礎ともなった。

それは『日本』で羯南の盟友となった三宅雪嶺《せつれい》とも共通している。

雪嶺は金沢出身。加賀藩の儒医、三宅立軒《りっけん》の子として生まれた。祖父は京都で頼山陽に師事し、父は江戸で山陽の息子三樹三郎《みきさぶろう》と友として交わったという。

羯南と雪嶺は国粋主義を代表する双璧であり、お互いに盟友関係だったことが知られている。

両者の境遇は実は似通っている。津軽藩の茶道師範の子として生まれた羯南。加賀藩の医者の子であった雪嶺。二人は「裏日本」と軽んじられた地域で、武士階級でありながら純然たる武士ではない人物の子として生まれ、所属する藩は戊辰戦争でどっちつかずの態度を取った。雪嶺自身のちに故郷を「事なかれ主義」で「因循」だと批判した。彼らには故郷への愛着と反発の愛憎入り混じった複雑な感情がうごめいていた。「自分たちは（出身藩とは違い）姑息な態度は取らない」という強い意志が彼らの人生を形作っていたのである。

わたしは思う。反骨精神こそ大事にしなければならない。反骨なき世は、長いものに巻かれるだけの世であり、そこに救いはない。

東北は、維新の混乱の中で踏みつけられた土地だ。わたしも小学生の間仙台に住んでいたことがある。短い期間ではあったが、小学生の多感な時期を過ごしたからか、わたしの中のふるさとは仙台の田んぼの用水路で取ったザリガニの光景である。わたしにもわずかながら東北の反骨魂が宿っているのだろう。「一山百文」と揶揄された東北人だが、それでも日本人だ。日本のために貢献できる。東北の魂は、弱き者もまた日本に貢献できるという精神ではないだろうか。

失意の流浪

羯南は明治六年に東奥義塾へ進み、明治七年に宮城師範学校に転じた。しかし校長に逆らい退校処分を受けてしまった。

「薩長に従えるか」

そこにはこんな意地が垣間見える。羯南は地元の秀才としてエリート学校に進んではいるが、その学校は薩長藩閥政府から送り込まれた人間が運営していた。戊辰戦争に負けた東北人らしく藩閥への反発から退学せざるを得ないような事件を起こし、学校をほとんど卒業していない。羯南の深い知識と教養は自学自習の中で身につけられたものである。

羯南は宮城師範学校を退学した後、上京し、開校したての司法省法学校に入学した。しかしここでも薩長系の校長に逆らい事件を起こして退学となった。羯南と一緒に退学させられたのは、原敬、國分青厓《せいがい》、福本日南《にちなん》、加藤拓川の四人であった。南部出身の原が一歳上の安政三年生まれ、松山出身の拓川は二歳下、残りは安政四年生まれの同い年である。ハイカラ組の原に対し、羯南、仙台出身の青厓、福岡出身の日南、拓川の四人はバンカラ組で仲良しの間柄だった。連れだって四人で富士登山に行ったこともあった。

司法省法学校を退学させられてしまった羯南は、原敬、國分青厓、加藤拓川と京橋区新肴《しんさかな》町《ちょう》（今の銀座あたり）の安下宿に同居し就職活動を始めた。時に二十二歳。国にとって有為な人材となるために故郷を離れ学校に入ったが、その結果がこの退学処分であった。

「われわれは役人になる道は断たれた。今度は『民』の立場から政治に関係していくべく、新聞記者になろうではないか」

四人はそう励まし合った。

この頃すでに羯南は議論も文章も一廉《ひとかど》の腕前であった。だが羯南にはコネがない。コネのない羯南の才能を見抜く人は誰もおらず、失望を重ねていた。

羯南は父が四十歳を過ぎてからできた子どもである。すでに六十歳を超えた年老いた父を思わずにはいられなかった。

「家厳衰齢六旬を過ぐ《かげんすいれいろくじゅん》」

この頃詠んだ羯南の漢詩の一節である。「父は衰え六十歳を過ぎている」という意味である。羯南の血縁のある親族と言えば謙斎であり、謙斎の老いは身につまされた。羯南は決意した。

「故郷に帰ろう」

いつまでも東京で無為の生活を送るわけにはいかない。要領の良い者、権力に逆らわない者が出世していく東京に倦んでもいた。原敬が『報知新聞』、國分が『朝野新聞』に入社できたものの羯南は就職活動に失敗、生活にも困窮していた。

「弘前に帰るしかないか」

もちろん弘前の実家に居場所などない。だが、東京で生きていくカネも尽きていた。

「八方ふさがりさ」

羯南はそう自嘲せざるを得なかった。

帰郷するためにはともかく旅費を捻出しなければならない。羯南は、書籍や着物などを売り払い、ようやく旅費を工面した。外は大雨。京橋区の下宿から千住までなんとか歩いた。見送りは拓川一人であった。

「いつか必ずまた会おう」

二人は再会を誓って手を握って別れた。

なんとか弘前には着けたものの、案の定居心地は良くない。

「いつまでも弘前には居れん」

羯南は青森に出ることにした。やっと見つけた就職先は青森新聞社であった。再び上京するまでの資金稼ぎ程度のつもりであった。

「早く出国したくて地団駄を踏んでいるのさ」

親戚の中田敬太郎にこぼすような日々であった。

当時の『青森新聞』には「主幹元木貞雄」「編集長陸實（羯南）」「印刷長小川渉」とある。いきなり編集長になったと言えば聞こえはいいが、社員はこの三人しかいない弱小新聞社であった。実質的支配者は会津出身の小川渉であった。小川は会津出身者らしく反薩長の反骨精神を持った人であった。この小川との出会いが羯南の言論生活に大きな影響を与えたことが想像される。

『青森新聞』では、南北朝時代の南朝の長慶天皇が乱を逃れて津軽にまで来て、当地で没したという伝説のキャンペーンを行っていた。

これは小川渉が政府高官の佐々木高行《たかゆき》の青森訪問に伴い行ったキャンペーンで、これをきっかけに羯南も佐々木との関係を作ることができた。佐々木高行は土佐藩主山内容堂の側近として大政奉還の建白にかかわり、維新後は板垣退助、後藤象二郎と並んで「土佐三伯」と呼ばれた人物。佐々木との関係はのちに『日本』を経営する中で羯南の保守派人脈の形成に寄与することとなる。

『青森新聞』は新聞紙条例違反ということでたびたび処分された。記事が関係者に「誹謗中傷」と訴えられたのである。編集長であった羯南が罰金刑を受けることとなった。羯南は思わず拓川に愚痴の手紙を書いた。

「時に酒を飲むと雖ども甚甘からず。然れども強《しい》て之を飲みて以て憂を消す事往々にしてあり。弟当年五六月の比は必ず上京すべし、然れども天の我を困する其れ何ぞ窮あらん、或は終生出づる能《あた》はざるも知るべからず（マサカ）」

罰金刑で背負った借金は、羯南を非常に鬱屈させていたのである。結局、借金で首がまわらなくなったからなのか、『青森新聞』からも去ることとなった。

この頃交流を持っていた地元の先輩がいた。名を笹森儀助《ぎすけ》という。のちに『日本』とも深くかかわる人物だ。当時儀助は青森県庁に勤めていた。明治政府は津軽の山々を次々と国有化していた。これに反発したのが儀助である。地元民の代表者を選挙で選ばせるなどして、民有権を政府に訴えていたのである。

この頃の青森は自由民権運動が非常に盛んな地となる。羯南や儀助は自由民権運動そのものには批判的であったが、自由民権運動が主張した民権精神に対する理解と共感は持っていた。

北海道行きと品川弥次郎とのつながり

羯南は二十三歳になっていた。

世間は自由民権の動きが大きくなってきていたが、羯南は青森新聞社を辞めて無職であった。羯南は失意を重ねていた。なんとか職に就かねばならない。口に糊していくためには、司法省法学校時代に培ったフランス語の翻訳能力を生かすしかなかった。

なんとか見つけた就職先は北海道の紋鼈《もんべつ》製糖所であった。上京して一旗揚げてやりたいと常々思っていたにもかかわらず、働く場所は羯南の地元弘前よりさらに北の北海道であった。しかも言論の仕事ですらなかった。フランス語で書かれた農書の翻訳が主な仕事である。

「松前行き……か」

羯南はそうつぶやかざるを得なかった。

当時の北海道はまだ経済的に発展しておらず、出身者以外が北海道に行くのは「松前行き」などと言われ、破産者、落魄者が最後にたどる道であった。

「身は謫人《たくじん》（流罪人）に似て憂え窮まらず」

この時詠んだ羯南の漢詩の一節である。志を果たせず物悲しい気分が羯南を襲っていた。北海道で待っていたのはしがない社員生活であった。羯南はフランス語はできたものの、農業に関する専門的知識がない。

「俺の翻訳は製糖所にどれほど貢献しているのだろうか」

羯南自身そう思わざるを得ないほどであった。フランスの農書の翻訳では自らの存在意義も見えず、それが一層落魄感を強くさせていた。

だが、人生塞翁が馬、何が好転するかわからない。この紋鼈製糖所には、羯南が「親分」と呼ぶ人物がいた。所長の山田寅吉である。山田は羯南より四歳上で福岡藩出身。二人は不思議とウマが合った。ある日羯南は山田から、

「紹介したい人がいる」

と呼びだされた。山田に連れられた先で待っていたのは、政府高官の品川弥次郎であった。品川は長州の吉田松陰門下として高杉晋作らと尊王攘夷運動に挺身した人物で、維新後は政府高官の地位に就いていた。

「長州閥か……」

羯南にはそういう含んだ気持ちもあった。しかし、背に腹は代えられない。別に品川の子分

になれというわけではない。利用し、利用されるだけの関係だ。北海道でいつまでもくすぶっていても仕方がない。品川は内務省、農商務省に通じていた。品川とのつながりができたことで羯南は再度上京することになった。

明治十四年、羯南二十四歳。悲願の再上京である。

羯南は、ひとまず品川からフランス語翻訳の仕事を受け、生活することとなった。

「先月ハ愚友原敬と申者《もうす》、大阪大東日報ニ被雇《やとわれ》、文壇ニ筆戦を試むの挙に付種々相談の事も有之《これあり》、且つ該日報社へ入社為致《いたさせ》候為メ仙台陸羽日々新聞社員たりし國分豁《とおる》（青厓）を呼び、之を大阪え遣《つかわ》す等の事一切小生引受候。旁々《かたがた》自然用事相嵩《あいかさ》み候故、乍不本意《ふほんいながら》于今《いまに》遅延仕《つかまつり》候」

羯南は翻訳が遅れた言い訳をしながら、品川に原や國分といった新聞記者とも深い付き合いがあるんだと自身の交友関係をアピールしている。さらには品川の口利きもあり、太政官御用掛文書局、ついで内閣官報局という官僚にも採用されることとなった。

二人の関係は、品川が死ぬまでつづいた。品川とは立場の違いを超えて、物質的な側面のみならず、存外深い関係を継続させることとなったのである。

しかしそれはまだ先の話。ひとまず羯南は上京し、自らの腕を振るうことができる場所に、再び環ってくることができた。

創刊

明治 21 年　羯南（左）と古島一雄

新聞『日本』創刊

明治二十二年二月十一日紀元節、陸羯南は新聞『日本』を創刊した。奇しくも大日本帝国憲法が発布された日であった。

羯南は「創刊の辞」で次のように宣言した。

「我が『日本』は固より現今の政党に関係あるにあらず。然れども亦た商品を以て自ら甘ずるものにもあらず。

『日本』は外部に向て国民精神を発揚すると同時に、内部に向ては『国民団結』の鞏固《きょうこ》を勉むべし。

『日本』は日本の前途に横はる内外の妨障を排し、『日本国民』をして其《その》天賦の任務を竭《つく》さしめんことを謀るにあり」

『日本』は独立不羈の言論機関として、日本の天命達成のために筆を揮《ふる》うのだ！そういう覚悟がひしひしと伝わってくる。

当時政治的課題となっていたのは、井上馨の売国的な条約改正であった。

「日本の国威を汚す屈辱的なものだ！」

怒りの声は日本中に満ちていた。板垣退助、後藤象二郎、星亨、河野広中ら自由民権運動の闘士らが条約改正反対運動に挺身した。井上馨外相時代の条約改正反対運動は自由民権運動の大同団結運動と一体となって進められたのである。

その中核には、「国粋主義」を掲げるグループの存在があった。

西南戦争で西郷軍を迎え撃ち、明治天皇の信頼が篤かった軍人谷干城《たてき》、「最後の殿様」と呼ばれた旧広島藩藩主の浅野長勲《ながこと》、元奇兵隊員ながら山縣有朋と対立した軍人鳥尾小弥太《こやた》、政治団体「政教社」「乾坤社」の設立者で、のちに昭和天皇の侍講として知られる杉浦重剛《じゅうごう》、その盟友の福富臨淵《りんえん》、政教社の機関誌『日本人』で国粋主義を訴えた志賀重昂《しげたか》と三宅雪嶺、そして『日本』を創刊した陸羯南――。

これらの人物が「国粋主義グループ」であった。

政教社は明治二十一年の神武天皇祭に、鹿鳴館外交に代表される欧米追従の姿勢を正すために集まった同人である。機関誌として『日本人』を発行し、国粋主義を訴えた。国粋主義とは、「西洋文明の善美を否定するものではないが、よく咀嚼してから取り込まなければならない。そのためには日本の道徳、宗教、美術、政治などの国粋を保存、顕彰していかなければならない」というものだ。「国粋主義」だけではなく、「国民主義」「日本主義」などさまざまな用語をあてて論じた。暗中模索の中、言論活動を行ったのだ。『日本人』は翌明治二十二年に創刊された羯南の『日本』と共同戦線を張って言論活動を繰り広げた。

羯南らは、世間から民権運動の一群と見られていた。当時、「大日本民権家政党一覧表」なるものが発行されている。これは当時の自由民権運動家を相撲の番付仕立てで示したものだ。その東方《ひがしかた》には鳥尾小弥太、谷干城、浅野長勲、杉浦重剛、志賀重昂、そして陸羯南や三宅雪嶺といった国粋主義グループまで記されている。彼らは民権運動の一環として、条約改正反対運動にも参戦していった。

『日本』はもとから仲が良かった人々によって結成されたものではない。「日本をどうにかしないといけない」という危機感が、羯南たちに『日本』を作らせたのだ。

『日本』創刊の経緯を振り返ってみよう。

官報局を退職して浪人になる

時は明治十七年。羯南は太政官御用掛文書局に勤務していた。羯南は今居てつと結婚し、家庭という安住の地も手に入れていた。

だが、官報局の月給が五十円なのに対して、借金が四百三十円もあり、利息だけでも毎月十四円に上っており到底生活できる状況ではなかった。生活に窮していた浪人時代の借金が積もり積もったのである。

それでも官吏に就いたからか、同郷の先輩である笹森儀助の世話で高利の借金を低利に繰り替えることもでき、生活は少しずつ改善していた。だが、官報局の仕事は安定はしているが、羯南の志を満たす仕事ではなかった。

ここは官報を発行することが主な業務であったものの、それとは別に新聞雑誌の検閲も担当するなど、政府の陰の中心となっていたのである。

「薩長のために働くのか」

またしても生きるために薩長のもとで働かなければならない日々が羯南には待っていた。しかし、官報局の雰囲気は必ずしも羯南にとって悪いものではなかった。羯南の上司である青木貞三、高橋健三とはうまくいっていたからだ。そしてこの二人も、単純に藩閥政府の犬になるつもりなど微塵もなかった。青木、高橋、羯南はのちに三人とも官界を去ることになる。

青木貞三は信濃出身。官を去ったのちは実業界に進み、『商業電報』を経営した。

特にウマが合ったのは高橋健三である。高橋は見るからに小柄であるが、爛々と輝く眼は非凡人であることを思わせる人物であった。

高橋は安政二年、尾張藩士の高橋大蔵（石斎）の三男として江戸に生まれた。石斎は、山陵（天皇陵）修復で知られる藩主戸田忠至《ただゆき》に仕える人物であった。

高橋は東京帝国大学法学部を経て、明治十二年から官僚生活に入る。文部省などを経て、太政官官報報告掛に就任、官報局長となる。『官報』の創刊に寄与した。官報局時代の部下が、羯南であった。

官僚時代から欧米の皮相的模倣には強い批判を向けており、ヨーロッパ出張時の家族宛の書簡でも「西洋は利欲の国なり」と批判的に述べたうえで労働運動の活発化にも注目している。

羯南は、床屋政談的に同僚との会話で政局を語り薩長を批判することもあった。

だが高橋は、

「官僚として、学問芸術こそ重要なのであって、政局をあれこれ言うべきではない」

という考えを持っていた。そのため、官報局時代は上司として敬意を持っていたが、私的な付き合いにまでは至っていなかった。

そんな中薩長藩閥政府が行っていたのは、井上馨外相を中心とした鹿鳴館外交であった。

「政府が欧米に阿諛追従の外交を繰り返し、日本をダメにしようとしている！」

しかもさらに許しがたいのは、政府は保安条例を発布し、抗議の声を弾圧することで黙らそうとしたことである。

「もう我慢ならん！」

羯南は官報局を去り、藩閥政府に対抗しようと決意した。聞けば谷干城は井上外交に不満で農商務大臣を辞めたというではないか。自由民権運動で活躍した政党人もこれに呼応して政府批判を強めている。

「やるなら今しかない！」

羯南は義憤を起こして輿論のうねりに身を投じようと決意した。干城らは政府に弾圧される危険を冒してまでも国事に打ち込む「浪人」の生きざまを選んだ。

「俺もやってやる！」

羯南は安定した職を投げうって、捕まる危険を冒しても公然と発言する「浪人仲間」に入ろうと決意を固めたのだ。

「人心恟々《きょうきょう》、物論沸騰せり。余は浪人仲間に入らん」

羯南は官報局を辞めたい旨を高橋に言いに行った。

「反対されるだろうか……」

不安な気持ちもあったが、高橋はすんなりと羯南の言い分を認め、便宜を図ってくれた。政府の体たらくに内心不満な気持ちは高橋にも共通していたのである。

『東京電報』から『日本』へ

最初に創った新聞は『東京電報』である。これは官僚時代の上司である青木貞三が運営していた『商業電報』を羯南が買い取った形で始まったものだ。だが、素人の新聞社経営はうまくいくわけもなく、事業は早速行き詰った。

「新聞のこと、どうにかならないだろうか」

羯南が相談した相手は、高橋健三であった。

「自分は官僚だからできることとできないことがある。しかし最大限君に協力しようじゃないか。ひとまず谷と話をしてはどうかね」

これを機に羯南と高橋の関係は一気に近しいものとなった。

「親交ほとんど骨肉と同じ」

のちには羯南がここまでいうほどの親しい間柄となっていったのである。

羯南は浪人仲間の谷干城らと新聞の今後について相談した。明治二十一年十二月、高知県に帰省していた谷干城が上京。杉浦重剛、浅野長勲らと会談。『東京電報』を再編し、新たな新聞を創刊する旨が話し合われた。十二月二十八日、浅野邸に谷干城、杉浦重剛、福富臨淵、高橋健三、そして羯南が参集。新聞名を『日本』とし、明治二十二年の紀元節（二月十一日）に創刊する旨が決まった。

こうして国粋主義グループの集積地として、『日本』は創刊されたのである。羯南は三十二歳の壮年となっていた。

明治維新と自由民権運動

なぜ羯南は政治運動家、あるいは政治家にならず、言論人になったのだろうか。それを理解するためには、自由民権運動の歴史を紐解く必要がある。

曲がりなりにも明治維新が起こり、日本も江戸時代よりは良い国になるかと思われた。しかし維新が達成されてしまうと、現れたのは薩長専制の世の中であった。

「多くの志士が血を流して成し遂げたかったのはこんな世の中ではない！」

そうした不満が全国に充満した。薩長藩閥は非薩長や尊皇思想を持つような厄介な人物を次々と政府からパージしていった。

当然、パージされた側は反抗する。これが明治十年代に全国で巻き起こった反乱劇であり、明治十年の西南戦争をその頂点とした。だが、西南戦争に西郷軍は敗れ、反政府運動は沈滞せざるを得なかった。

代わって起こったのが土佐を中心とした自由民権運動である。自由民権運動は「本来天皇が統治すべきものを薩長が独占している。われわれにも愛国心があり、薩長に独占される筋合いはない。議会を作って天下の公議を盛り上げることで非薩長の愛国心に報いよ」という主張であった。

こうした動きは各地で燃え広がり、大きなうねりとなったのである。東北地方もその影響を受けた。例えば福島県出身の自由民権運動家である河野広中は、

「東北は『白河以北一山百文』と言われバカにされ、薩長の支配下に立つことを許してはならない。安易な戊辰戦争の復讐はすべきではないが、東北は昔から自治の民であり、自主独立の気概に富んでいる。東北人の誇りを以て自由民権運動の先頭に立て！」

と演説していた。

羯南は薩長専制に反発する民権派的エートスを持ちつづけたが、一方で民権運動的なものに対する不信感も同時に抱いていた。

当時、自由民権運動では自由党系と改進党系が大同団結し一気に一大勢力になっていた。しかしこの大同団結運動は、盟主として担ぎ上げた土佐の後藤象二郎が入閣を希望して離脱したことで一気に沈静化し、崩壊を見ることとなってしまった。「民権、民権」と威勢よく言っていながら結局大臣のポストに目がくらんだのである。

こうした経緯があるため、羯南は輿論に基づく政治を理想としながらも、政党系の人間に対する不信感も根深いものがあった。その目的は結局猟官、自己利益であり、最後は裏切るという見立てを持っていた。そのため羯南は政党政治に期待するというよりは、俯瞰的に新聞を通じて国民世論に訴えることに意義を見出していた。

「文章は是れ精神の顕表なり」

羯南の言葉である。この後羯南はこうつづける。

「文章は決して人の精神を創るものにあらざるなり。然れども権威を帯ぶる所の文章は、よし精神を創造し得ざるも、或は之を誘導し得るものあり」

羯南は文章の力で日本人を導こうとしたのである。

わたしは思う。東北の魂は「弱い者も日本に貢献できる」という精神だと書いたが、それがもっとも表れているのが、『日本』の「日本国民をして其天賦の任務を竭《つく》さしめん」という言葉ではないだろうか。政治は、政府高官がどうにかするだけのものではない。「お上」がすべてを決定して、国民はそれに黙って従えばよいのだという封建的な精神を、羯南は嫌った。国民自身が、自分たちの問題として自分たちの国をどうするか、考えていかなければならないのである。

ましてや、羯南のいた明治時代も、現代も、権力者の腐敗、堕落と無策、自主独立の精神のなさは日に余る。政治は国民の写し鏡である。権力者が堕落腐敗するのは、それだけ国民が政治に無関心であるという現れなのである。すべての国民が天から与えられた才能を日本のために生かせる世の中にすることこそ目指すべき政治ではないだろうか。そのためには、国民自身が賢くならなければならない。知識だけではない。精神面でも、深い英知を手に入れなければならない。それを得るもっとも簡単な方法は、先人の言葉や事跡に触れ、先人の生きざまを学ぶことではないかと、わたしは考えている。

『日本』と条約改正反対運動

羯南と妻てつ

欧米への阿諛追従を排した国粋主義

羯南は薩長への反骨心を抱きつつ、『日本』を創刊した。

「これは私怨ではない」

という気分が羯南にはあった。

薩長藩閥政府の、金持ちに甘く庶民に苛烈な政治、欧米列強に弱腰でアジアにばかり強気な外交。あまつさえ薩長藩閥政府は「尊皇」「愛国」を持ち出し、こうした薩長のやり方に抗議する人を弾圧しているではないか。外に卑屈なくせに内弁慶で居丈高だ。

薩長は国民それぞれの生活事情や幸福を軽んじ、自らに反対する者は反国家、反天皇であるかのように言っている。だが「政府の敵」は必ずしも「皇室の敵」ではない。「政府の言うことを聞けばいい」なんてものは「偽国家主義」「偽尊皇主義」だ。国民それぞれの生活や幸福を思うことは「国家」にも「皇室」にもかなうことのはずだ。

「偽尊皇家たらんよりは寧ろ真共和派たれと。独り夫《そ》の偽尊皇を言ふ者に至ては殆んど糞土の墻《かき》のみ」

偽りの尊皇を言う奴は糞野郎だ！　という叫びである。しかし世の中には長州を中心とした

「偽尊皇主義」「偽国家主義」があふれている。

「実に卑屈、陰険でサムライの誇りのない政治さ」

今のやり方では、日本人一人ひとりが持てる力を発揮して、日本のために力を尽くすことなどできはしない。

強きものへの反発は、国内の薩長藩閥に対してだけではなかった。世界を植民地支配した欧米への反発も、羯南の主張の根幹であった。

「これを見よ」

羯南が苦々しげに見つめるのは、有名なビゴーの風刺画である。日本が欧化に興じるさまを、サルがダンスパーティーをするさまで表現していた。欧米列強は、自分たちのやり方に従わないアジアの各国を、「野蛮」であると見なし、植民地支配した。

一方で当時の日本のように必死に欧化した国に対しても、

「サルが自分たちの真似をしている」

と露骨にバカにしていた。

当時の欧米列強の主張が「内地雑居」「外国人判事の任用」である。

「内地雑居」は、欧米人は日本国内を自由に動きまわれるようにせよという主張である。現代から見れば当然の主張のようにも思えてしまうが、その時に適用される法律は日本のものではない。つまり「内地雑居」を認めてしまうと、欧米列強の法律が適用される「治外法権」のエリアが日本中に広まってしまうのである。

「これでは植民地も同然ではないか！」

羯南たちが怒るのももっともであった。

「内地雑居」には、日本で罪を犯した欧米人を裁く機関が必要だ。それが「外国人判事の任用」の要求となっているのである。すでに横浜や長崎など一部のエリアでは、不平等条約によってこの要求が通ってしまっていた。この「外国人判事」は、法律を曲げて解釈し、自分たちの国民に有利な判決を出していた。

「ノルマントン号事件の先例を見よ」

羯南たちにとって苦々しい経験である。

明治十九年十月、横浜港から出港したノルマントン号は、航行途中で暴風雨に遭い、難破座礁し、沈没した。沈没する際にイギリス人船長をはじめとした乗組員二十六名は全員救命ボートで脱出したが、日本人乗客二十五名は救助されず全員溺死した。

「乗客が日本人だったから助けなかったのではないか」

という不信の声が日本全国からあがった。伊藤博文内閣の井上馨外相は調査を命じたが、不平等条約の壁に阻まれて満足な事実検証もできなかった。船長をはじめとした乗組員は裁判にかけられたが、裁判を行ったのは神戸のイギリス領事館であった。イギリス領事は船長以下全員無罪の判決を出した。

「井上外交は弱腰だ！ 欧米列強にのみへつらって、日本人をないがしろにするものだ！ ノルマントン号の悲劇を繰り返す気か！」

羯南たち国粋主義グループは狂わんばかりに憤激した。明治五年のマリア・ルース号事件では副島種臣外務卿を中心に「奴隷の解放」という堂々たる主張をした日本外交である。それがわずか十数年のうちに欧米の顔色をうかがうだけの体たらくになってしまった……。

全国各地で欧米を模倣し、阿諛追従するだけの政策を厳しく批判する声が上がったのである。

小村寿太郎の「謀反」

「俺は今度謀反するかもしれん」

のちに日露戦争の講和条約締結などの活躍をする小村寿太郎もまた、怒りに震えていた。

明治二十年初夏、麹町の星ヶ丘茶寮にて行われた乾坤社同盟の会合でのことだ。小村も杉浦が主宰する乾坤社同盟の一員であった。

小村は、政府の条約改正交渉にかかわる体たらくを見過ごすことなど到底できなかった。日露戦争までのわが国の外交的重要課題の一つが、不平等条約の改正であった。政府は条約改正交渉に努めてはいたが、その内容があまりにひどかった。欧米列強に条約改正交渉をしてもらうために鹿鳴館で連日ダンスパーティーを催す、あまりにも屈辱的な交渉姿勢に激しい批判が巻き起こった。小村もその一人だ。

「外務省の役人としては裏切りとなるが、国家のためには代えられない」

小村はここまで思い詰めていた。この頃の小村は三十三歳。まだ外務省翻訳局次長にすぎなかった。当時の小村は、父の事業の失敗による借金で首がまわらなくなっていた。家や職場には借金取りが押しかけ、息子は満足に物が食べられないことで夜盲症にかかった。

小村自身もいつも同じボロボロのコートを身にまとっていた。「貧乏小村」と揶揄する者もいた。そのような状況下でもなお、小村はクビになる危険を顧みず外務省に造反しようとしていた。

井上馨が辞職した後を引き継いだのは、薩摩の黒田清隆内閣で副首相格として入閣した大隈重信外相であった。井上外相時代の条約改正は反対運動が盛り上がったことで挫折したものの、政府はまたぞろ懲りずに売国的な条約改正を成そうとしたのである。

大隈外相の方針は井上ほど露骨ではないものの、井上外交の方針を改めるものではなかった。領事裁判権を撤廃する代わりに、外国人判事を任用し、法廷での言語を英語やフランス語にしようとしたのである。これでは日本の裁判と言えなくなってしまう。

「いわばノルマントン号事件の裁判を常態化するようなものではないか！」

「このような形での条約改正はあってはならない！」

無論、事を成し遂げる成算などない。だが、やらずにはおれないではないか。

若手外交官小村の義憤が、後の世を大きく動かすことになるのである。

小村は同期留学仲間であった杉浦重剛にこの交渉内容をひそかにリークした。小村と杉浦は親友同士で、借金で苦しむ小村に手を差し伸べたのも杉浦であった。杉浦も決して裕福ではなかったため苦しかったが、同志のためにカネを工面したのである。杉浦自身、学生時代カネがなく苦労した人物で、奨学制度でようやく大学を出た人物だ。長じてからも常にボロをまとい清貧な生活をつづけたという。

小村の条約改正に関する話に杉浦も大いに憤り、条約改正反対運動が始まった。だが、外交機密でもあり、なかなか確たる証拠は得られなかった。

沸き立つ条約改正反対運動

運動の本格的な始動のきっかけは明治二十二年四月にある。『ロンドン・タイムズ』紙が条約改正の内容をすっぱ抜いたのである。それは英字新聞『ジャパン・メール』に転載される形で日本にも入ってきた。証拠はないが、この条約改正の内容を『ロンドン・タイムズ』に流したのは小村ではないかとも言われている。

意外にも杉浦や羯南ら条約改正反対派はこの『ロンドン・タイムズ』のスクープに大した反応を示していない。わずかに羯南が「コメントを差し控える」としながら『ジャパン・メール』の報道内容を転載したのみであった。

むしろ大隈系の『郵便報知新聞』が「大隈外相の成果である」と堂々と交渉内容を報じていた。

「ことは重大だ。慎重に始めなくてはならない」

政府の運動弾圧などさまざまな可能性が頭をよぎった。威勢よく言うのは簡単だが、それで政府に弾圧されて火が消されてしまっては元も子もない。反対運動は極めて慎重に開始されたのである。

とはいえこの間、羯南らが手をこまねいていたわけではない。実は水面下で多くの人間と連携し、反対運動を盛り上げるための調整が行われていた。

七月には、谷干城邸にて、干城、杉浦重剛、福富臨淵、羯南らが会談した。

「条約改正に断固反対する！」

一同は改めてその意思を確認した。

羯南率いる『日本』は条約改正反対を掲げる媒体として、舌鋒鋭く賛成派に論戦を仕掛けていった。

「報知新聞は明白に改進党の機関たり。外務大臣大隈伯とは浅からぬ縁故あること世人の洽《あまね》く知る所なり。特に今回の問題に関しては殆んど之を目するに半官報を以てせんと欲するものあり。而《しか》して二十年来日本の憂国者が常に熱望して已まざる所の条約改正又は国権回復なるものは、果たして如何なる事柄を指すものなる歟。日本の輿論が久しく唱道する所の条約改正なる語は如何なる改正を指すものなる歟。報知記者の今日に頌賛する条約改正は、日本人民の多数が熱望する条約改正にあらず。是吾輩の今日敢て愛国人士と共に不満を唱ふる所以の者なりとす」

羯南は『郵便報知新聞』と十回にわたる激しい論戦を繰り広げた。この頃の羯南の論説のタイトルは、

「報知記者及び日報記者の弁明も未だ吾輩の疑を解くに足らず」

「外人任用を論じて報知新聞記者に決答を望む」

「憂国の誠は何処にある」

など激しい言葉を並べ、輿論に訴えかけた。

「対等な条件での条約改正でなければ断じて受け入れることはできない」

それが羯南の言い分であった。

この頃羯南は、『日本』に「条約改正温度表」なる記事を掲げた。要するに新聞各紙が条約改正問題についてどのような論調で論じているのかを温度に見立てて図示したのである。弁護論で沸点に達しているのが『郵便報知新聞』、攻撃論で沸点に達しているのが『東京公論』と『東雲新聞《しののめ》』。『日本』はと言えば、「沸点を上回って蒸発するほど怒っている」のだという。

『東京公論』は当時の衆議院議長であった星亭が深く関与している新聞であり、『東雲新聞』は自由民権運動の理論的指導者として知られる中江兆民が主筆として活躍していた新聞である。

反対運動は言論戦に留まらず、演説会などの集会や、政界工作にまで及んだ。政界工作を担当したのは干城や杉浦、浅野長勲だ。

日本新聞社は条約改正反対運動の集会所と化した。全国から運動家が集まって、福岡の玄洋社、熊本の国憲党、石川の盈進《えいしん》社などから人が続々と集まってきたのである。これに陸軍要人の干城や鳥尾小弥太、三浦梧楼《ごろう》などの豪傑も加わり、狭い編集室に陣取って、談論風発、慷慨悲憤といった調子で大騒ぎをした。干城などは仕込杖を持ってきて政府要人を斬り殺さんとするばかりの勢いであった。

これでは新聞編集の仕事ができないと、羯南は神田に集会所を設ける。「日本倶楽部」である。「日本倶楽部」の創設に骨を折ったのは福富臨淵であった。

日本倶楽部には数々の政府に反発する名士も訪れた。干城、三浦、浅野はもちろん、羯南が『青森新聞』時代に知己を得た佐々木高行は息子の高美《たかよし》を代理に寄越した。まるで梁山泊さながらの状態で、議論しては取組みあいの喧嘩をする。そういう時にはいつも玄洋社の中心人物である頭山満が出て仲裁した。

羯南のもとで働いていた古島一雄は、

「一番喧嘩しそうなのは頭山だが、それ（頭山）が出て行くと不思議にピタッと納まる。頭山は議論なんか何もしやしない。じっと見ているだけだが、そういうところから頭山の威力がだんだん加わって行った」

と回想している。古島一雄は慶応元年但馬生まれで、杉浦が主宰する政教社の機関紙『日本人』の記者を務めてから『日本』に移籍。編集長を務めて羯南の晩年まで付き合った人物だ。衆議院議員、貴族院議員を歴任し、犬養毅を補佐した政治家として知られる。

明治二十二年年八月十五日には、「日本倶楽部」を中心として、五団体と新聞社八社が「改正条約反対同盟」を結成、演説会も開催した。こうした運動の甲斐あってか、閣僚の伊藤博文や山縣有朋、後藤象二郎などが反対にまわり、閣内は分裂の様相を呈した。だが黒田首相と大隈外相は交渉継続を主張。条約改正交渉は中止にまでは至らなかった。

政府の『日本』弾圧

もちろん政府はこうした『日本』の言動を見過ごさなかった。

政府は『日本』を弾圧し、発行停止処分にすることで圧力を加えてきた。発行停止は三回、三十一日間に及び、一度に十九日もの発行停止処分を食らうこともあった。それはただでさえ苦しい『日本』の台所を直撃した。社員の給料を払わなければならないが、新聞は発行できず収入がない。ついに金銭的に行き詰まり、羯南は金策に走らなくてはならなくなった。

羯南は干城に資金提供の依頼に行った。干城にもさしたる余裕はなかったが、たびたび供出していた。だがあまりに頻繁だとだんだん頼みづらくなってくる。

羯南は古島一雄に、「君が行ってくれよ」と弱音を吐いた。

仕方なく古島が干城の家に頼みに行った。応対した熊子夫人は、娘の嫁入り用に取っておいた二千円（現在の約八百万円）分の公債証書を出して、

「うちにあるのはこれきりです。どうぞ使ってください」

と古島に差し出した。古島はもらってよいのか困ったが、もらわなければ経営が成り立たない。仕方なくもらって帰った。

「この時はいかにのんきな僕でも辛かった」

古島はのちにそう回想している。

さらに資金が足りず、干城は佐々木高行に話を持ち込む。佐々木は三菱財閥の岩崎家を紹介。干城と三浦梧楼の連名で二千円を借り受けた。『日本』が危うかったとはいえ、思想的同志でもない三菱財閥のカネが入るなど、かなり危うい綱渡りをしなければ維持できない状況となっ

ていた。

羯南は、同志の志賀重昂がいる『国会』新聞に広告掲載の話を持ち込んだ。

「少しでも部数を増やしたいのです」

だが、

「いくら君の頼みでも他紙の広告は載せられないよ」

と、営業上の理由により拒否されてしまった。

「同志関係も営業の論理の前では通用しないのか」

当たり前と言えば当たり前だが、羯南も後ろに引くわけにはいかない。なんとかして『日本』を継続するカネを生み出さなくてはならなかった。

三浦梧楼、明治天皇に直訴

羯南は政府の弾圧にも挫けず、猛然たる政府批判をつづけていた。それでも条約改正反対運動は膠着していた。反対派は事態を打開するため、直接黒田内閣に訴える策を練っていた。

頭山満は、谷干城、三浦梧楼、鳥尾小弥太らと謀り、頭山が大蔵大臣松方正義を、干城が逓信大臣後藤象二郎を、鳥尾が外務大臣大隈を説得することを決めた。

頭山は松方に対して、

「条約案は、わが国を破壊するものだ。これを妨げるには、条約改正を中止するよりない。閣下の決心はいかがであるか伺いたい」

と詰め寄った。

松方は襟を正して、

「あなたの期待に背かないようにしたい」

と語ったという。

一人残された三浦は、

「宮中に行って陛下に申し上げよう」

と言い出した。

すると干城が「俺がやる」と言い喧嘩となった。三浦は、

「お前がどうやって陛下とお会いするのだ。自分は学習院長だから、学習院のことだと言えば陛下とお会いできる。貴様にはそれができんじゃないか。だからこれは俺がやるんだ」

と強く主張し、結局三浦がやることになった。

かつて欧化主義の明六社員でありながらこの時は欧化政策に反対していた西村茂樹は、

「俺もお供に連れて行ってくれ」

と三浦にしきりに頼んだが、三浦は、

「これは俺一人でなければできないことだ。黙って見ておれ」

と言って一人で宮中に赴いた。場合によっては自決も辞さない覚悟であった。

三浦は宮内大臣に、

「学習院院長として陛下に直々に申し上げたいことがあるので取り次いでもらいたい」

と言い、取り次がせた。

三浦は明治天皇に以下のように述べた。

「今日まかり出でましたのは学習院のことではございません。陛下を欺き申し訳ございませんが、条約改正のことで申し上げたく存じます。この度の条約改正はどうしても中止していただかなければ日本のためになりません」

明治天皇は「何か書いたものはあるか」と下問した。そこで三浦は自ら書いた意見書を明治天皇に奉った。明治天皇は「あとでよく見ておく」と回答され、書類を入れる小箱に入れて鍵をかけた。

三浦はそのまま辞去したが、自らの意見書がどうなったか気が気ではなかった。

すると夜十一時頃、元田永孚《ながざね》が三浦を訪ねてきた。元田は保守派の論客としても知られ明治天皇の侍講（教育係）を務めたこともある。明治天皇の信頼が厚く、明治二十三年には教育勅語を起草することになる人物である。井上外相時代には、この元田と干城が明治天皇に上奏して反対運動を行っていた。元田は開口一番、

「良いことをしてくれた」

と三浦を絶賛した。

「実はお上から、晩餐会の際に『今朝三浦が来て意見を述べた。よく見ておくように』とおっしゃって私に意見書を託された。今夜の陛下はことのほかご機嫌であった」

「もう大丈夫だ」

二人は思わず抱き合ってお互いを称え、男泣きした。

来島恒喜、大隈重信を襲撃

その頃時を同じくして、命を賭して条約改正を食い止めようと考えていた人物がいた。玄洋

社の壮士、来島恒喜《くるしまつねき》である。

来島は頭山満のツテで紹介された社会運動家の大井憲太郎から爆弾を入手。

「男子が一度死を決すれば、気分は晴れ晴れとしている」

と語り、外務省に向かった。

十月十八日夕刻、大隈を乗せた二頭立ての幌馬車が外務省表門に現れた。大隈は外務省から帰るところであった。来島は、爆弾を取り出し、馬車に駆け寄り、左側から爆弾を投げつけた。爆弾は、門柱に当たって炸裂、猛煙の中で大隈は倒れた。来島は暗殺成功と確信し、短刀を出して壮絶な自決を遂げた。享年二十九。

だが、大隈は右足を失ったものの、一命を取り留めていた。

大隈もまた、

「爆裂弾を放りつけた者を憎いやつとは少しも思っていない。いやしくも外務大臣である我輩に爆裂弾を食わせて世論を覆そうとした勇気は、蛮勇であろうと何であろうと感心する。若い者はこせこせせず、天下を丸のみにするほどの元気がなければだめだ」

と語ったという。

大隈が重傷を負い進退窮まった黒田内閣は総辞職。これにより条約改正交渉は完全に頓挫した。

羯南が論壇の中心に躍り出た

このように、政府の条約改正の動きに文字どおり命を懸けて反対する人が大勢いた。羯南はその渦の真っただ中におり、羯南の主な仕事は『日本』の論説で条約改正反対の論陣を張ることであった。

この頃の羯南は新聞を創刊したてであり、「社長」とは言いながら新聞発行の実務責任者にすぎなかった。そのため、谷干城や三浦梧楼、杉浦重剛などといった当時の保守派の大物の影に隠れがちであった。

だが羯南はこの状況に甘んじていたわけではない。実際の行動面では陰に隠れがちだったもののの、この条約改正反対運動によって、羯南の名は日本中に知れ渡った。

条約改正反対運動で羯南の文名は大いに上がった。相変わらず経営は苦しかったが、この頃の『日本』は発行部数も順調に伸びている。創刊から一年後の明治二十三年には発行部数が年間四百八十九万部に達し、当時の大手紙であった『東京日日新聞』や『時事新報』に匹敵するほどの規模を誇っていた。それに伴い羯南は、干城や三浦、杉浦の子分としてではなく、一人の言論人として認知されていった。

当時の羯南の論説は他紙を厳しく批判したが、それでもお互いに国を思って言論活動を行っているという理解と敬意は忘れなかった。

「改正条約を是とする者を視て売国不忠の者流《しゃりゅう》と做《な》すも、是れ固より暴論の徒なり。改正条約を非とする者を視て直に鎖国無智の者流と做すは、亦た豈に妄説たるを免れんや」

と、当時の熱気と比べて案外冷静である。

羯南には、党派や私利を越えて新聞各紙が言論を戦わせる場を日本にも作りたいという遠大な志があったのである。

また、この頃羯南はひそかに品川弥次郎に資金援助の依頼を出している。品川からも資金提供を受けることで干城や杉浦の影響力を相対化する目論見があった。現に杉浦一派は引きつづき交流は保ちつつも、この頃『日本』の経営からは離れている。

谷干城やのちに述べる近衛篤麿といった同志的支援者とは違い、品川との関係は秘密とされた。長州閥の品川と羯南は考えが違う。二人はお互い利用し合う緊張関係にあった。だが新聞編集に介入したりする干城や篤麿との暑苦しい関係ではない分、かえってそれが心地よい関係であった。品川との関係は品川が明治三十三年に病没するまでつづいたのである。

干城の影響力の相対化は黒田内閣崩壊後の条約改正運動の動きでもうかがうことができる。干城は反対運動の余勢を駆って新党を結成しようと画策していた。だが三浦や羯南の反対にあい挫折している。この時の干城主導のやり口に反発してか、浅野長勲らは『日本』の出資者から降りている。

羯南は、新聞は政党ではなく、国民輿論を形成する場所であることを強調する。

「政事新聞紙の記者は政事上に其の職分を有し自由に公論を代表して国家に勢力を及ぼすものなり」

羯南がこう自負したように、条約改正の時期は、名ばかり社長にすぎなかった羯南が、徐々に一人の言論人として自立し、輿論を代表する言論人の使命を自覚していく時期でもあった。

わたしは思う。条約改正反対運動は、羯南をはじめとした多くの人間の国を思う気持ちなしには成し遂げることはできなかった。屈辱的な条件による条約改正。これだけは何としても阻止しなければならない、かえって欧米の植民地化が進んでしまうという思いが彼らを突き動かしていた。

「どうにかしないといけない」

自らは腹を切ってでも日本の独立を保たなければならないという必死さが、世を動かしたのである。

現在に至るまでも強国の顔色をうかがい、唯々諾々と長いものに巻かれるだけで国全体を思わない法案は次々と可決されているが、それに対して声を上げる人の少なさ。「どうせ何も変わらない」と思わされているのではないか。

わたし自身そうした無力感に駆られることはある。だが、そんな時に、立ち上がった先人の事跡を思うことがはらわたの腐り止めになっている。

今ほど思想、言論の自由がない時代にすら、羯南は立った。発行禁止等で圧迫を受けつつも、それに負けない強さがあった。

輿論の声を上げよう。それこそが日本を守る第一歩になるのだ。

コラム① 子規と羯南の「賄《まかない》征伐事件」

子規の賄征伐事件

子規生前のことである。まだ子規が松山中学の生徒だった頃である。明治十六年、子規は学校の弁論大会で「黒塊《こっかい》」という題で演説を行った。正面から政治を論じれば教員から中止されてしまう。子規は「国会」と意味をかけながら、巧みに政治論を述べたのだ。折しも、自由民権運動の盛んな頃であった。

「薩長専制を許すな！」

「国会を開け！」

そういう声は日本中にあふれていた。子規は天下国家を論じたかったのである。この年に子規は上京を果たし、羯南に初めて会うことになった。

子規は共立学校に通い、明治二十年には第一高等中学校に移った。子規はそこで寮生活を送りながら勉強をしていたのだが、不満を持ったのは寮の食事であった。

時間になると鐘が鳴って食事となるのだが、たいてい待ちきれずに十分前には食堂についていた。ドンドンと扉を鳴らし、

「賄い、賄い！」

と食事を要求する。ひどい時は扉を蹴破って入る者もいた。

賄方《まかないかた》（食事を用意する業者）はノロノロと小さいお椀を持ってくる。朝は味噌汁と豆の煮物、昼は牛肉か魚を煮たもの、晩飯はこけおどしの西洋料理であった。メニューにも不満だったが、食事中、学校側の舎監が常に食卓を歩きまわり、監視下に置かれる中での食事であった。当時の学校は薩長藩閥政府の肝いりで作られたものであり、舎監も薩長に使われている人間であった。

「俺たちは警官に監視される囚人か」

こうなると子規の反骨心がむくむくと湧き上がってくる。なんとか薩長の手先に一泡吹かせてやりたい。そう思った時に、かねてより「賄征伐」が各地で発生しているという噂を耳にした。

やり方はいろいろである。学生が集う前に賄方をおどして飯を全部食ってしまうやり方。これをやったのは博物学者の南方熊楠《みなかたくまぐす》である。

子規の計画はこれとは違った。子規は仲間たちと示し合わせて、

「飯が冷たい」

「飯に虫が入っている」

などと文句を言い始めた。多くの仲間が一斉に騒ぎ出したため、食堂は大混乱となった。ついには給仕係と喧嘩になり、皿は投げるは醤油はひっくり返すはの大騒ぎとなった。

子規らは後日舎監に呼び出され尋問された。

「どうしてこんなことをしたのだ」

「賄方が不行届なのでカッとなってやったのだ」

「示し合わせたものではないのか」

「故意ではない」

子規らはそう言い張って舎監室を後にした。

後日処分が言い渡された。子規とともに賄征伐を計画した仲間らが寮から追い出され停学処分となった。子規はなぜか無罪放免となった。学校側はこの賄征伐を大いに憎み、「警察に訴える」と言い出した者もいたという。

薩長憎しとはいえ、外注業者でしかない賄方に嫌がらせをしても仕様がない。だが賄征伐は薩長専制の世相に不満を持った学生たちによる一種の政治行動であった。

子規は、後のエッセイで、

「されば余らより後に入校したる人は無論これを識らず、その名ありて実の絶ゆるは残念なり」

と書き残し、自分たちの世代以降に賄征伐がなくなってしまったことを惜しんでいる。

権力に言いなりになるだけの「いい子」ばかり

の世の中でいいのか。子規はそう感じていた。なにせ自らが敬慕してやまないあの羯南もまた、「賄征伐」にかかわった人間なのだから――。

羯南の賄征伐事件

「飯を持ってこい！」
「もうない！」
「炊くべし！　炊くべし！」

明治十二年、羯南が在籍していた司法省法学校では、二十名ばかりの学生による賄方との喧嘩が始まっていた。学校での食事が質・量ともに低下してきたことに不満を持ったのである。

背景にあったのは西南戦争であった。西南戦争で明治政府は膨大な戦費を使用したことで財政的に火の車となっていた。また、軍票をばらまいたことで悪性インフレが発生しており、それは徐々に社会をむしばみ始めていた。羯南の在籍する司法省法学校の食事にすら、その悪影響は反映され始めてきたのである。

この小競り合いに薩摩出身の校長、植村長は厳しく対処。十人ほどの学生が停学処分を食らった形となった。

これに義憤を起こしたのが羯南らである。同級生の羯南、原敬、國分青厓、福本日南、加藤拓川らは、

「処分には到底承服できない！」

と校長に訴えた。学校幹部が薩摩人に占められていることに不信感を持っていたのである。

原は全学生を集めて「学校の規則には服従すべきだが、良心の自由まで束縛される筋合いはない」と論じ立てた。

これには羯南も驚いた。羯南は原敬について、

「ただの才子ではないと思っていたが、ここまで正義を重んじ責任を重んじる人とは知らなかった」と加藤拓川に語った。

　こうした動きに植村校長は激怒した。二月六日、理由も告げず「退校申付候事」と、四人を退学処分としてしまった。羯南にとっては、宮城師範学校につづいて二度目の退学処分であった。宮城師範学校でも、校長ともめた末の退学であった。

　そもそもの小競り合いには全く関係のなかった羯南たちが、義憤を起こしたがゆえに退学処分となってしまった。このことに、周囲は気の毒がり、復学に向けた運動を行おうとした。だが、当人たちは何の未練もなく平然としていた。

「薩長に憐れみを請いたくない」

　そんな思いがあった。

　薩長藩閥に守られた人間と、維新に乗り遅れた諸藩出身者との間にはかくも深い断絶があったのである。

陸羯南・田中正造と福沢諭吉の対決

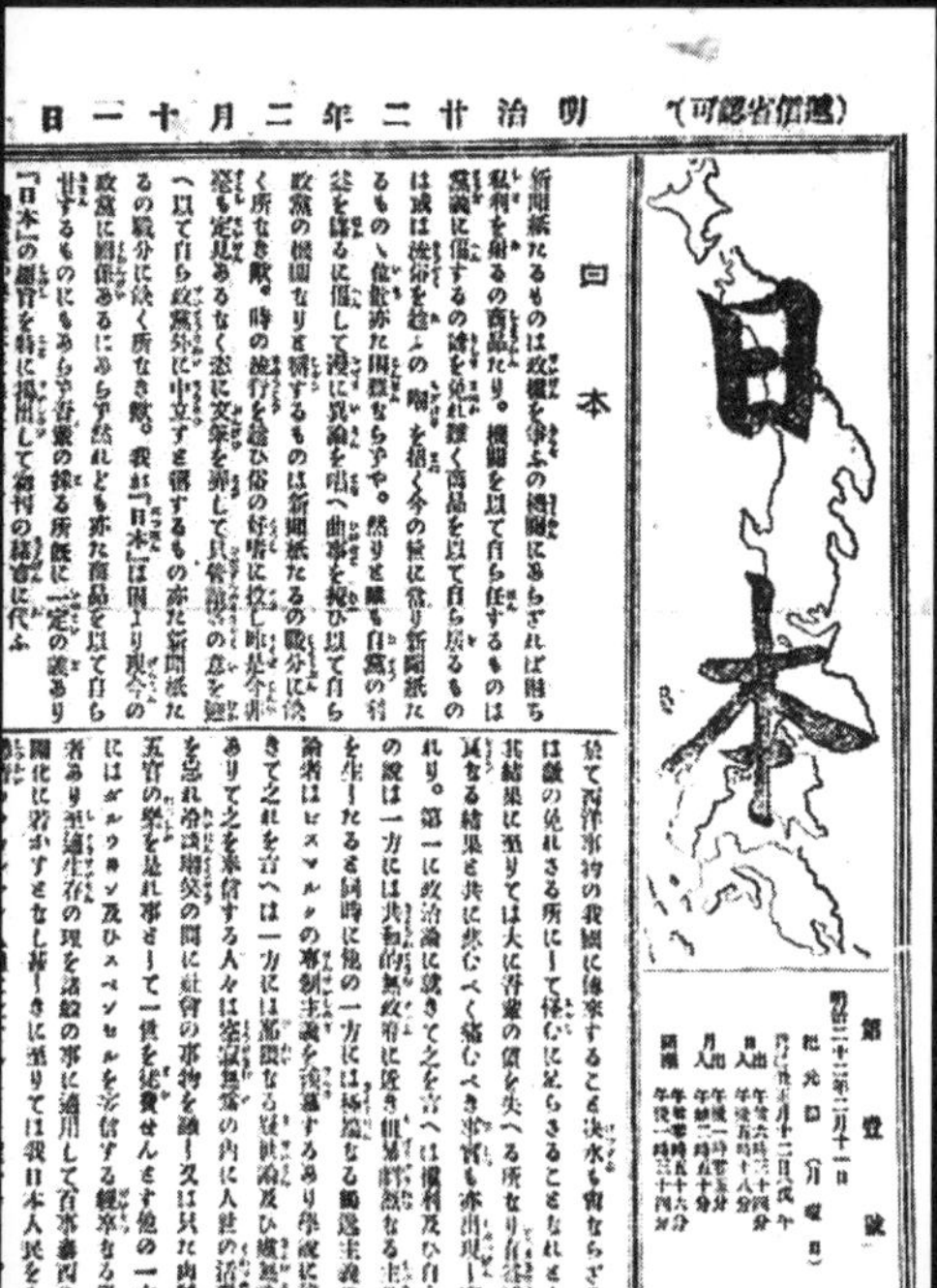

（遞信省認可）　明治廿二年二月十一日

日本

第壹號　明治二十二年二月十一日

日本

新聞紙たるものは政權を爭ふの機關にあらざれば則ち私利を射るの商品たり。機關を以て自ら任ずるものは黨議に偏するの弊を免れ難く商品を以て自ら居るものは或は流俗を趁ふの嘲を招く今の世に當り新聞紙たるもの、位置亦た困難ならずや。然りと雖も自黨の利益を謀るに偏して漫に異論を唱へ曲事を飾ひ以て自ら政黨の機關なりと稱するものは新聞紙たるの職分に缺く所なき歟。時の流行を趁ひ俗の好嗜に投じ啻に是れ今日の毫も定見あるなく恣に文字を弄して只管讀者の意を迎へ以て自ら政黨外に中立すと稱するものも亦た新聞紙たるの職分に缺く所なき歟。我が『日本』は固より現今の政黨に關係あるにあらず然れども亦た商品を以て自ら甘ずるものにもあらず吾輩の採る所既に一定の議あり『日本』の趣旨を特に揭出して發刊の緒言に代ふ

於て西洋事物の我國に傳來すること決水も啻ならざるは蓋の免れざる所にして怪むに足らざることなれども其結果に至りては大に吾輩の慨を失へる所なり……異なる結果と共に共に嘆むべく痛むべき事實も亦出現し來れり。第一に政治論に就きて之を言へば權利及び自由の說は一方には共和的無政府に近き……なる主義を生じたると同時に他の一方には極端なる……主義の論者はビスマルクの專制主義を稱讚するあり學說に就きて之れを言へば一方には嚴酷なる經世論及び……論ありて之を奉信する人々は寂寥無常の內に人性の活動を忘れ冷淡剛笑の間に社會の事物を論じ又は只た肉體五官の樂を是れ事として一世を經營せんとす他の一方にはダルウヰン及びスペンセルを迷信する輕率なる學者あり至適生存の理を諸般の事に適用して百事盡く西の開化に若かずとなし甚しきに至りては我日本人民をも

『日本』創刊号

田中正造、明治天皇に直訴

明治三十四年十二月十日、明治天皇は帝国議会開院式から還幸されるところであった。厳重な警戒がなされる中、群衆の中から一人の男が飛び出した。

「お願いがございます！」

こう叫びながら直訴状を片手に、天皇の馬車に近づいた。男の名は、田中正造という。護衛の騎兵に突き殺されることを覚悟のうえでの行動であった。

正造は警官に取り押さえられ、直訴状を渡すことはかなわなかった。正造は衆議院議員であったが、すでに前年に辞職していた。また、妻カツに遺書と離縁状を残していた。そこまでして直訴したかったこととは何か。それは、足尾銅山鉱毒事件の解決である。

足尾銅山鉱毒事件とは、古河財閥の古河市兵衛が経営する足尾銅山が、鉱山開発を行う中で出た銅の成分の混じった汚染水を垂れ流したために、渡良瀬川流域の人々の健康や漁獲物や農産物に深刻な被害が出た事件である。

鉱毒事件に関しては、すでに被害民が解決を訴えに東京に大挙デモに押し寄せる事態（川俣事件）となっており、特に前年明治三十三年には少なく見積もっても二五〇〇人もの現地民が押し寄せ警官と小競り合いになっていた。御用医学者が「銅中毒など聞いたことがない」と言い、中には「少量の銅はむしろ健康に良い」などと東日本大震災の原発事故においても聞いたことのあるようなセリフを言い放つ者もいた。正造はどちらかと言えば住民の直接行動をなだめ議会で追及する側であった。正造は鉱毒事件の解決を求めてたびたび議会で演説を行っている。

「国民は陛下の赤子である。国土は陛下の領土である。それゆえ被害民も陛下の領土である土地を預かり、また被害民の身体は陛下に捧げられた身体である。この貴重なる宝土と民命が毒殺される現状を放置して、上は陛下に対し、国家に対し、下は祖先子孫に対し何の面目があろうか」

しかし、それすらも正造が所属する憲政本党あるいは田中自身への票集めのためではないかと冷淡な反応をされていた。

福沢諭吉は『時事新報』で、川俣事件に対しても、警察は鎮撫に尽力したが、被害民たちが衆を頼んで応ぜず、腕力に訴える気配を見せたので、警察はやむなく抜剣を命じ、憲兵も発砲を命じたのだと官憲側の言い分をそのまま言い放ち、

「民を殺すは国家を殺すなり」

という田中正造の議会演説に対しても、

「お定まりの質問演説をなす」「議院満場の大閉口」と鼻で笑う始末であった。こうした見方への苛立ちが正造を焦らせていた。

さらに当時の山縣有朋内閣は議会を無視する「超然主義」を掲げており、地租増徴（増税）や、軍関係の発言力を強める軍部大臣現役武官制を実施。さらに反対する者には治安警察法で厳しく取り締まった。そして反対する議会を懐柔するために、議員報酬を増額する法案を議会に提出した。なんとこの法案にほとんどの議員が賛成。反対したのは正造一人であった。正造はほとんど絶望的な気持ちになり、体調も崩した。死を意識する中で最期の望みをかけて直訴を行ったのだ。

福沢諭吉と羯南の違い

正造の直訴によって輿論は沸き立った。当時の新聞を色分けすれば、『時事新報』と『東京日日新聞』が被害民に批判的で古河財閥寄りの記事を掲げていた。『東京朝日新聞』、『毎日新聞』、『読売新聞』、そして羯南の『日本』が被害民に寄り添い事件の解決を訴える論調を掲載していた。

『時事新報』を創刊し、その論調を左右していた人物こそ、福沢諭吉である。福沢がいかに被害民に冷淡なひどい記事を掲げていたかは先ほど見たとおりだ。

だが羯南はそうではなかった。『日本』には社会面がなく、そもそも事実関係を報道できるほどの記者体制を持っていなかった。したがって『日本』の記事はどうしても「論」的になりがちな傾向はあった。だが、そのような中でも羯南は地元紙『下野新聞』の報道なども活用しながらできるだけ現場の情報を掲載するように努めたのである。

さらに正造が直訴する半年前の明治三十四年五月、羯南にある知らせが入った。鉱毒調査有志会が結成されるのだという。羯南は鉱毒調査有志会に参加するため、神田キリスト教青年会館に赴いた。そこに揃った面々は羯南、三宅雪嶺、谷干城、三浦梧楼、『毎日新聞』の島田三郎、『国民新聞』の徳富蘇峰、キリスト教徒の内村鑑三や矢島楫子《かじこ》、仏教者の島地黙雷などであった。有志会は鉱毒被害者救済の輿論盛り上げや演説会開催、義捐活動などを行った。

また、正造らに好意的な論調の新聞であっても、『読売新聞』や『東京朝日新聞』は特派員を現地に派遣していなかった。

「『日本』は足尾に特派員を送るぞ！」

羯南の決断によって『日本』は直訴事件が起こる一年前から記者の櫻田文吾（大我）を現地に派遣、情報収集に努めさせた。それによって、『日本』の報道は川俣事件の際にデモを弾圧

する警官が、

「逃げ遅れたるものには一人に三人四人の巡査が打重なり、老人の如きは『此の爺《じじ》い二度と騒がぬ様に少し痛い目に合はしてやれ』とて面部をば石にてなぐり」

という生々しいものになった。

羯南は「国家的社会主義」という論説を書き、激しく藩閥政府や福沢諭吉を批判した。

「国家的社会主義は弱者・貧民・寡婦・孤児の類を保護して他の富強者と併存せしむるを旨とす。是を以て経済に衛生に教育に適当の干渉を敢為《かんい》して、而して動植界の法則をば是認せず。動植界の法則を是認する放任主義によれば、時の民法刑法に違《たが》はざる限りは、如何なる行為も皆な悪事に非《あらざ》るのみならず、進みて富強と為る者は社会の優等者たらざるべからず。之れと同時に此の優等者の為めに侵食せられ又は圧倒せられて愁訴する者は社会の劣者なり。社会の劣者は是れ直ちに社会の穀潰しなり、又た社会の場塞ぎなるが故に、其の敗滅は寧ろ社会の幸福なりといへり。斯《かか》る不人情なる主義は吾が政界を支配するや一朝一夕にあらず。少なくとも十五年来の藩閥政府は世に所謂《いわゆ》る福沢主義なるものを採用しながら、他の一面には独逸《ドイツ》主義とやらを加味して以て社会の徳義的秩序を破壊したり。冷淡なる放任主義と偏頗なる干渉主義と相ひ抱合したる者は、十五年来の藩閥主義を然りと為す」

貧しき者は社会の落ちこぼれで、こういった人々を救わないことこそ社会の幸福なんだという考えが政界を覆って久しい。これは福沢諭吉的な金銭絶対主義とドイツ的な国家主義とが融合した藩閥主義とでもいうべきものだという。明治時代の日本でも「自己責任論」が幅を利かせていたということだ。

羯南はつづける。

「藩閥主義——若し主義といふを得ば——の干渉は、社会の富強者を保護して益々優勝者たらしむるに傾き、同時に社会の貧弱者を放任して益々劣敗の位に陥らしむるを致すなり。有産者には爵位を与へ、有爵者には財産を与ふ。而して有産有爵の徒は斯る恩典の保護に因《より》て愈々《いよいよ》益々富を為し、富を為すに従て愈々益々貴を加へらる。国家は優勝者の保護に斯《かく》の如く干渉を敢てすと雖ども、他の劣敗者に関しては全く放任主義を取り、以為《おもえ》らく、是れ社会自治の区域なりと。嗚呼是れ藩閥政府の国家主義なり。斯る奇怪の国家主義の下に於ては、貧弱の者、唯《た》だ富強者の呵責を甘んじて其下流の礦毒《こうどく》をも吸はざるべからず。民刑裁判の保護さへ理論上にこそ平等に享くべき筈《はず》のものなれ、事実に於ては其の便宜の乏しきが為め、往々にして泣寝入らざるを得ざること多し。国家的社会主義は冷淡なる放任自由主義に反し、偏頗なる藩閥国家主義に反して、夫《そ》の不幸なる劣敗者を庇陰《ひいん》するもの、本と仁者の熱脳より湧き出でたる主義に外ならず」

藩閥政府は、富める者は保護してますます富めるようにするくせに、経済弱者は自由放任だということで救おうとしない。このような不公平な状況下で、鉱毒事件の被害を受ける人間が出てしまったのである。不幸な被害者や経済弱者を救おうというのは仁（博愛）の心で、当然のことではないかというのである。

羯南の怒りは止まらない。

「礦毒事件は国家的社会主義の為めに正しく好材料たるを得べし。経済社会の通説によれば、『大資本家が大礦業を起して銅材を産出するが如きは、新《あらた》に国の生産力を増加するもの、小農夫等が此の文明世界に需用の最も狭小なる米穀を耕作するに比すれば、一般の経済に関する軽重如何ぞや。今《い》ま其の大礦業は多少の害を附近の農業に及ぼすありとするも、之を保護せんが為め彼を抑制するは、政府の干渉を以て経済社会の通勢を妨碍《ぼうがい》するものなり。』此の通説は唯だ銅と米とを見て、而して人道をば見ざるものなり。物質を見て人道を見ず。此を以て所謂経済の原則なるものは、専ら自由放任を主とするなり。国家的社会主義は本と人道より生ずるものにして、夫の物質的経済論とは全く相ひ反す」

「銅を作る産業は地元住民の農業なんかよりもはるかに重要なんだ。だから銅産業に便宜を図るのが当然なんだ。経済の法則なんだ」と人は言う。だがそれは銅やコメを見て人道を見ないものだ。人道こそが大事なのだというわけである。

羯南はこの長大な論説を筆で記しながら、特に「人道」の文字を記す時、その手に力を込めた。そう、人道の問題、道徳の問題なのだ。道徳は単なる観念論ではない。人間として当然押さえておくべき筋目のことである。

「これを失ったらおしまいさ」

そんな羯南の叫びこそが羯南に鉱毒事件を支援させ、権力が貧富の格差を拡げる構造にまで批判のメスを入れさせた。

鉱毒を起こしている古河市兵衛が権門勢家の姻戚だから、あるいは銅山がカネをたくさん稼いでいるから処分してはならないと藩閥政府や福沢諭吉は言っている。こうした悪逆非道な考え方が出るのは、自由放任の経済法則に固執し、カネ勘定ばかりしていて人道を見ていないからなのだ。

福沢は「文明男子の目的は銭にある」と言ってはばからなかった人間である。カネさえ稼げれば、道義も犬に食わせればよいと考えていたに違いない。銅山から出る利益は、渡良瀬川周辺の漁獲高や農産物の収穫高をはるかに上回っていた。

「漁業や農業のようにあまり利益を出せない産業よりも、大きな利益を出す銅山を保護するべきだ」と考えるのが福沢的発想であり、「そこに人々の生活がありそれを守るのが政治の仕事だ」と考えるのが正造や羯南の発想である。

「窮迫した民を安堵させるのは国家の義務である」と訴える羯南と福沢では、雲泥の差があったのだ。

しかし「お互い助け合うのが社会の鉄則であり、経済的弱者を救うのが国の仕事である」と羯南が百年以上前に言ってくれているにもかかわらず、現代の政界も財界も一向に改善の気配が見えない。相変わらずカネしか見えていない福沢主義だ。

田中正造と羯南

『日本』が鉱毒事件を報じたのは明治三十年からで、他紙を先んじていた。だが正造や羯南の奮闘むなしく、谷中村をはじめとした渡良瀬川流域の各村は明治三十四年に廃村扱いとなった。

正造と羯南は大いに接点があったし、その義を重んずるところは大いに共鳴するところがあっただろう。だがこの二人は「論」としての交流、共通項はいくらでもうかがい知ることができるものの、不思議なほど人間的交流のエピソードが見あたらない。いくつか書簡も交わしているが、当たりさわりのない事務的な会話に終わっている。

しかし両者に交流があったことは間違いない。正造は明治三十七年の雪嶺宛の書簡で次のように言う。

「今朝漸《ようや》く根岸ニ陸君ヲ訪ふ。氏（欧州旅行から）帰国ノコトヲ昨今耳ニして行ケリ。氏は昨夜三更《さんこう》マデ酒ヲ呑ンデ頭痛シテ逢フ能ハズト。嗚呼氏ノ不平千万ハ僅ニ酒ヲ以テ慰ムルカ。予等ハ氏ノ健康ヲ祈ルモノナリ」

この頃の羯南は永年の盟友であった谷干城と訣別し、近衛篤麿と組むつもりでいたが、その近衛が若くして急死し、新聞経営は行き詰まりを見せていた。さらに自身も病魔に少しずつむしばまれていく時期である。羯南の健康を祈る正造は、羯南に敬意を持っていたに違いない。

足尾鉱毒問題の解決に一生をささげた田中正造は、大正二年に燃え尽きるように亡くなる。七十一歳であった。亡くなった時の正造は無一文で、聖書、日記帳、帝国憲法、小石三個だけが持ち物だったという。

昭和四年九月、羯南とも交流が深かった頭山満は正造の墓を訪れた。頭山は正造の事績を思い「田中正造翁こそ真の愛国者である」と絶賛した。そして「義気堂々貫白虹」と詠んだ。「正造は義の心で堂々と亡国の兆しを予言した」という意味であろう。それは田中霊祠の境内に今も詩碑として建っている。

古河鉱業が足尾銅山において鉱毒被害を与えたという加害責任が認められたのは、昭和四十九年、正造が亡くなってから約六十年経った後のことであった。

羯南は文字通り命懸けで経済弱者を救うために言論活動を繰り広げた。その一つの典型例が、正造と取り組んだ足尾鉱毒事件であった。

『日本』グループの弱者救済論

そもそも羯南をはじめとした『日本』グループが経済弱者の救済を訴え、政官財の癒着構造を批判するのは、創刊以来の編集方針とすら言える。

それは『日本』の前身『東京電報』時代にまでさかのぼる。

長崎県から海上十五キロのところに浮かぶ人口島、高島。軍艦島と同じく炭鉱開発のために作られた島だ。その高島炭鉱で劣悪な労働条件で労働者が働かされている――。それを全国紙で初めて告発したのが『日本』、そして同盟関係にあった政教社の雑誌『日本人』であった。国粋主義グループは弱者救済論から始まったと言っても過言ではないのである。

高島炭鉱は、江戸時代は佐賀鍋島藩の所有であったが、明治十四年に三菱財閥の岩崎弥太郎の経営に移った。それまで高島炭鉱はなかなか収益が上がらなかったが、三菱は炭鉱労働者に過酷な労働を強いることで巨額の利益を上げた。

三宅雪嶺は『日本人』の論説で言う。

「奴隷禁止の我が国において、同邦人、同種族を奴隷とする者あるは、そもそも何の怪事ぞや」

当時『日本人』は創刊したてであった。創刊してすぐこのような資本主義の問題に切り込んだのは、藩閥政府を攻撃する材料になると思ったからだけではない。

「同じ国民ならば皆同胞であり、ともに日本の興隆に貢献すべき同志ではないか」

と訴えたのである。

明治維新後の「文明開化」「富国強兵」の施策は深刻なモラルハザードをもたらしていた。富の格差は広がり、貧しい者は劣悪な労働条件化でまるで奴隷のような労働に追われる一方で、政府に近しいものだけが格安で国から払い下げを受け巨万の富を築いていた。オトモダチ政治である。国外に目を移せば、欧米列強による植民地化の脅威は迫っており、それに加えて東アジアの国際情勢は不安定であった。まさに内憂外患の状況下で、彼らがまず行ったことは、「奴隷労働を行わない」というわが国の美風に今一度思いを致すことだったのだ。

もっとも、高島炭鉱は当時としては最新鋭の設備で営まれていたようだ。そのため現代の眼からすれば、他の炭鉱よりひどい状態にあるとはいえなかった。しかし『日本』が言うように「地獄ともいうべく、牢屋ともいうべき」過酷な労働があったことは間違いなかった。「二度と戻れぬ鬼ヶ島」と恐れられていた場所であった。そして、こうした事態が見過ごされた背景には、政官財ががっちり結びついたトライアングルの構造と、それに奉仕し理論的補強を行う御用学者の存在があった。雪嶺が「東京帝国大学で何を学んだのか」と憤ったように、高島炭鉱の告発の力点は、この構造に批判の矢を向けることにあった。

その後も何か問題が起こるたびに、今に至るまでこの構造はあらゆる問題で繰り返されてきた。

羯南は激しい怒りの言葉を紙面に書きつけた。

「国を誤る者は紳商《しんしょう》なり。国を売る者は紳商なり。後世日本国を亡すものは其れこそ此の紳商ならん。紳商は国民の共敵なり。紳商除かざれば国振はず」

雪嶺もこう語った。

「今日に施行すべき大急務は、社会の悪分子たる紳商の掃除にあり」

政治に癒着して自分に利益があるよう働きかける商人。こういう政商（紳商）の連中が社会に害をなす。権力に働きかけて自分だけが甘い汁を吸おうと巧みに立ち回る連中は今も昔も存在する。そういう連中を排除しなくてはならない。そして常に公共のことを考えることを美徳とする武士道の精神でいかなくてはならない。武士がいなくなったことで道徳観念が欠けてしまっているのが今の日本人の欠点だと、羯南や雪嶺は考えたのだ。

明治三十年には、羯南や雪嶺は「社会問題研究会」の評議員にも選ばれている。同会は会員二百余名とも言われる大所帯だったようだが、結局目立った活動をしないまま活動休止状態になったようだ。しかし、特に羯南は社会主義に強い興味を抱いていた。

羯南は『国民新聞』記者で、当時有名な国家社会主義者でもあった山路愛山に熱心に語った。

「人間は自然の状態に満足して已《や》むべきものに非ず。弱肉強食の自然的状態を脱し、強も亦茹《くら》はず、弱も亦茹はざる一視同仁の人道を立てて自然の運行以外に別に人間の天地を開くは是則ち社会主義の極意なるべし」

いわゆるマルクス主義とは違い、羯南の社会主義論は、階級闘争を積極的に主張するものではなかった。近代化、あるいは資本主義の弊害を正すために社会主義の考えを援用しようというものであった。現代風に単純化して述べれば、「日本人よ、今こそ助け合い、団結せよ」といった思いであっただろう。

こうした動きは羯南以後もいわゆる右派的な人々の中で継承された。例えば内田良平の黒龍会は労働宿泊所を設けたり、「自由食堂」を作るなど社会事業も行っていたという。このほかにも、大川周明を会頭とする神武会が「一君万民の国風に基き私利を主として民福を従とする資本主義経済の搾取を排除し、全国民の生活を安定せしむべき皇国的経済組織の実現を期す」と謳っている。国粋主義者は資本主義による格差に対抗しようとしたのである。

同情をもって書け

羯南の言論に懸ける姿勢を示す面白いエピソードがある。羯南最晩年の明治三十八年のことである。当時ある学校教師が飲み屋の女性と心中するという事件があった。各紙このことを面白おかしく報じ、『日本』も教師の堕落として報道した。

羯南はこの時病気療養中であり、鎌倉の別荘にいた。新聞が発行されたあとでこの報道を知った。羯南はすぐさま編集長の古島一雄らに手紙を書いて叱りつけた。

「編輯者之《の》不見識ヲ示し尽シタリ。赤面之至ニ有之《これあり》候。我が教育社会ハ腐敗ニ相違なきも夫《そ》れハ教育界ノみニあらず。社会的記事ニハ同情ヲ以テスヘキことを知らサル筈なし。同情といふハ思やりの謂《いい》ニ有之、何も六ケ敷事無之《むずかしきことこれなく》候。学校教員とて高《たか》が薄給ニ甘シて従事スルモノ、何も之ニ聖賢ノ行ヲ責ムル程ノ者ニ無之、是ハ普通ノ人情なり。此位ニ思ひやりて記セズバ、新聞ハ彼等と同等ノ品位ニ陥ルナリ」

羯南は手紙を書きながら、「同情」「思やり」の言葉を「○」を打って強調した。

「世間一般の国民生活を思う心を失ったらおしまいだ……」

羯南は、部数競争が激しくなる中で人情が忘れ去られようとしていることに危機感を持っていた。

『日本』はいわゆる三面記事すらない、当時の新聞の中でも特に硬派な新聞であった。後年になってようやく相撲の結果が載ったくらいで、軟らかいトーンの記事など皆無であった。それは羯南の信念によるものだ。

権力者に対しては厳しい批判を繰り広げた羯南であったが、物珍しいだけのスキャンダルを煽るような報道はしなかった。巧みに大衆を扇動し、部数を伸ばそうなどという姿勢は断固拒否したのである。『日本』の論調は硬骨で勇ましいだけではない。権力に敢然と立ち向かうと同時に、市井の人々への温かいまなざしによって羯南の言論活動は行われていたのである。

わたしは思う。当時も今も、公害による被害者救済に政府はもちろん、言論界も冷淡である。「保守」と称される一群は特にそうである。水俣病しかり、東日本大震災に伴う原発事故しかり。しかし被害民も同じ日本国民である。同じ日本国民を救わんとする心は愛国心ではないだろうか。「愛国」を叫ぶ時に念頭にある「国」とは、政府でしかないのだろうか。「愛国心」はいつの間にか「愛政権心」にすり替えられていないか。

当時も今も、政治家や官僚は財閥の顔色をうかがい、オトモダチに利益誘導することにのみ熱心で、国民の姿が見えていない。

国は何のためにある！

靖国神社に参拝するかしないかとか、外国に勇ましいことを言うとか、国全体を思う心とはそんな表層的なものではないのだ。同じ国民の生活、涙に思いを致すこと。それができなければ国を率いる資格はない。

羯南は何のために、誰と、何と闘ってきたのか。現代日本人はその生きざまを胸に刻みつけるべきである。

の弱者救済論

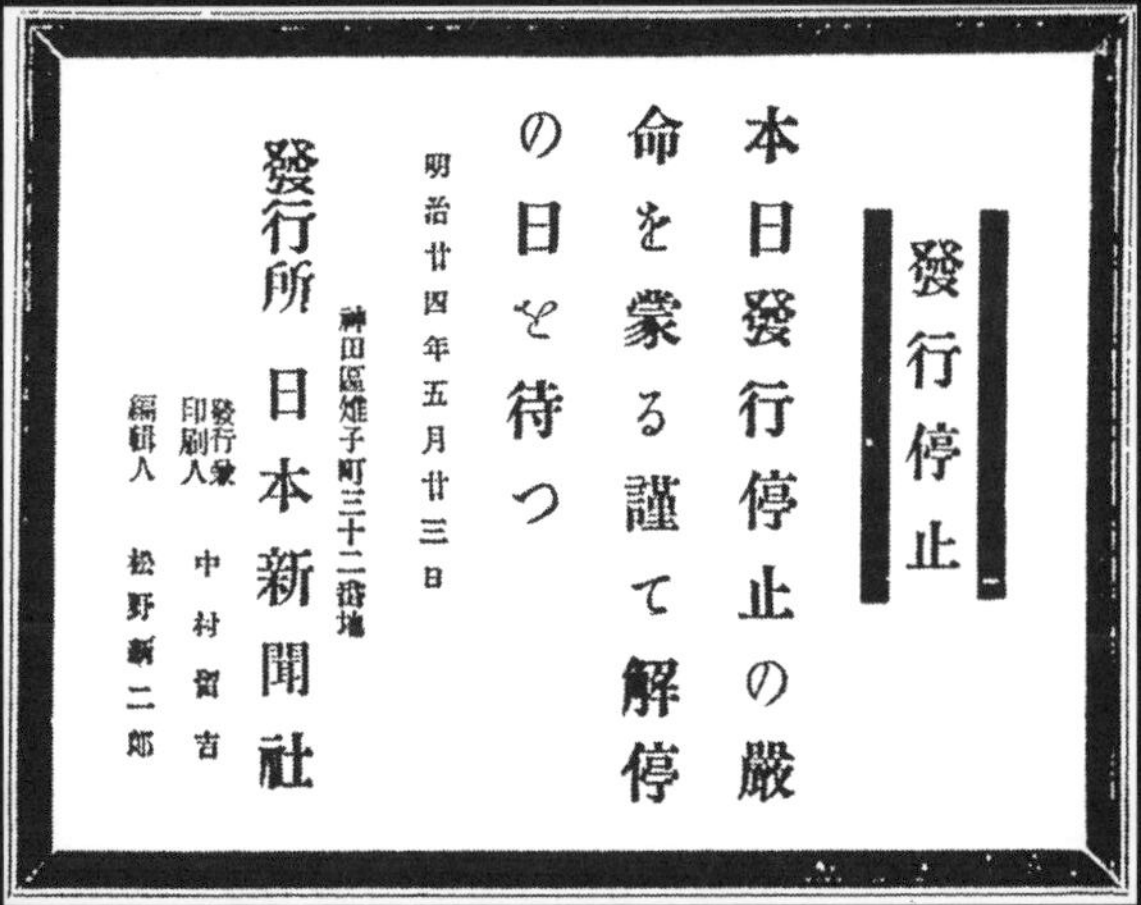
發行停止

本日發行停止の嚴命を蒙る謹て解停の日を待つ

明治廿四年五月廿三日

神田區雉子町三十二番地

發行所 日本新聞社

發行兼印刷人 中村留吉

編輯人 松野新二郎

読者に対する発行停止の通知

今の世は足利時代と同じ

「足利時代と変わらぬ！」

陸羯南は「足利時代の社会」と題する社説で、当時の世の風潮を足利時代と重ね合わせながら憤り嘆いていた。下剋上と拝金主義に堕した足利時代――。後世の志士をして唾棄せしむる時代である。政治の実権は天皇から将軍へ移った。さらに将軍から管領へ、管領から執事へ、執事からその家臣へ……。力だけの人間が無秩序な支配を行った。外交では足利幕府が明国に臣従する屈辱外交だった。

猛威を振るったのは力だけではない。カネもそうだ。神道家も、僧侶も、医者も、学者も、すべてカネ次第。カネを持つ者だけが高位高官に昇り、いい思いをした。文化だけは外国文化を輸入し大いに進歩した。

「満室の蒼蠅《あおばえ》、掃へども去り難し」

羯南が「蒼蠅は払っても払ってもやってくる！」と悲憤したのは、政治の規律は緩み、すべてにおいて権力とカネがものを言う世の中である。羯南は、明治時代の風潮も堕落した足利時代と変わりないことを強調し、批判したのである。そして現代もまた、この時代と変わらぬ堕落を迎えている——。

神ますと　あふぎしみれば　ます鏡　わが真心の　影のうつれる

羯南の詠んだ和歌である。「神様が宿っていらっしゃると仰いでみると、増鏡には私の真心が映っている」といった意味であろうか。

王朝の勢いが衰微し、力の強い者ばかりがはびこった後鳥羽上皇から後醍醐天皇までの時代を、あえて公家社会の側から描いた歴史書『増鏡』に、羯南は自分の真心をなぞらえたのである。

羯南は筋金入りの拝金主義嫌いだ。カネを持つもの、権力に近しい者だけがいい思いをする風潮への反発がそこにはある。それは反面でそうした権力やカネに踏みにじられる人々への温かい目線にもつながっていった。

櫻田文吾のスラム探訪

人数こそ少なかれど錚々たる面々が居並ぶ『日本』の記者陣にあって、ひときわ背の高い大男がいた。その名を櫻田文吾（大我）という。

文吾は文久三年に仙台藩士の子として生まれた。幼くして父を亡くし、二人の兄は戊辰戦争、五稜郭の戦いで幕府方として勇戦し命を落とした。姉は誘拐され、母はそれを悲嘆し世を去った。極貧の中、苦学の末に東京法学校（現中央大学）を卒業し、『日本』の記者となった。

文吾の最初の大仕事こそ、資本主義の本格導入の末に東京に出現したスラム街のルポタージュである。明治二十三年八月、二十七歳の文吾はボロの帽子と着物を纏い、汚い手ぬぐいと足のすり減った下駄の一張羅で闇に乗じてスラム街に乗り込んだ。新聞記者の証は、懐に忍ばせた筆と巻物（メモ帳）のみである。

文吾が目撃したのは、悲惨醜悪なスラム街の有様である。

「其方《そなた》を観れば婆は其孫を抱きてウトウトの間に在り、孫なる小児が目を覚まし『飯よ飯《まま》よ』と啼《な》くを五月蠅《うるさし》とて呵《しか》るなり。呵られながら益々ねだり、後は泣きつつ『飯よ』と叫ぶ。婆も今は呵り切れず、其児の頭を二つ三つ打ちたる後《の》ち、其手を延ばして棚上より一《ひとつ》の風呂包《ふろづつみ》を卸《おろ》したり。不思議や同時に小児の啼声《なきごえ》忽《たちま》ち息《や》みぬ。

如何にするやとながし目に観るに、婆は徐々《そろそろ》包の口を開き、何やらん取出すなり。此の時一陣の悪臭先《ま》づ来りて、己が鼻を撲《う》つ。既にして取り出したるは何《いず》れの家よりか袖乞《そでこい》し来《きた》りし物なりと覚《おぼ》し飯あり、其上には塩漬の辣韮《らっきょう》を載す。

婆先づ菜を小判形の曲物に納め、飯をば手抓《てつま》みにて傍の笊《ざる》に移しつつ、三度の一度は之を口に運ぶ。小児も婆の側に踞《きょ》し、同じく天然の箸にて飯を抓み舌打鳴らして喜び喰ふ。其食を笊に移す様、食する様を察すれは同じ食中少しあざれたる（腐っている）処をば後ちの食とし、大くあざれたる処を先づ食するなり。斯《か》かる半腐の食物も小児には無上の歓楽を与へ、忽ち満足して其儘《そのまま》スヤスヤと寝入りたり」

文吾のルポタージュはこのような調子でつづく。あまりの悲惨さに同情のあまりカネを渡しそうになったこともあった。だが、自分は変装した新聞記者なのだと思いとどまりドジョウ鍋をおごることにとどめた。文吾の取材は浅草、本所、四谷、芝など十数か所に及んだ。今東京タワーや、東京スカイツリーが建っている付近もスラム街だったことになる。

もちろん文吾がこのようなスラム街のルポタージュを敢行したのは、怖いもの見たさではない。文吾は以下のように告発する。

「年豊かなれども児は飢に泣き、冬暖かなれども妻は寒に叫ぶ。此の憐《あわれ》なる状態の年を逐《お》ふて増加するは今日の勢なり。法律の発布は年に百を以て数へられ、日に完備の体裁をなせども、此《この》無告の民を救はず。官吏の俸給は予算毎に増加すれども、此無告の民は与らず。

五六年前の事と覚ゆ。一種軽薄の説行政社会に行はれて、乞食放逐令なるもの各地に実行されたり。此説に依れば、自己の力にて衣食する能はざるは、自己の惰弱に基くものなれば、之れに対して慈善を施すは、却って其情弱を助くるものなりといふに在り。斯くて此説は追々実行されて、無数の乞食は甲の都府に逐はれて乙の都府に走り、丙の県に逐はれて丁の県に逃れ、水草を逐ふて転移するにはあらで、警察に逐はれて流動せり」

こうした「非理非道を見過ごすわけにはいかない」と始めたのが、スラム街のルポタージュだ。それは「貧天地」として『日本』に連載された。「政治家の目先がこれによって社会の最下層に注がれることを祈る」という願いを抱いての執筆であった。文吾は、貧困の自己責任論や子どもの貧困問題など、現代にも通ずる問題意識を持っていたのだ。

文吾、大阪のスラム街に再度潜入

東京のスラム街の取材を終えた文吾の耳に入ってきたのは、「大阪のスラム街はより一層悲惨である」という噂だ。しかも大阪のスラム街はコレラが蔓延し、「七割が死んでいる」などという話まで飛び交うすさまじい状況だというではないか。

文吾は居ても立ってもいられず、大阪への潜入取材を志願した。だが、友人も社内も容易に同意しなかった。

「危険すぎる。やめた方がよい」

文吾は怒る。

「どうして止める！　君たちは僕の志に何を以て対するのか！」

ただ一人、

「そこまで言うならよかろう。やってみなさい」

と優しい言葉をかけた人物がいた。それが羯南であった。

羯南は東京のスラム街ルポの頃から文吾にさまざまなアドバイスを送り、支援していた。羯南の意見を容れて、文吾のルポタージュは単に見てきたことを書くだけに留まらず、各種統計資料なども使うことで実態を裏付けた。

また、羯南は、文吾が取材を終えて執筆する際にはヨーロッパで当時話題となっていたジョン・リーチの『ロンドン貧民窟探訪記』等の貧困ルポタージュを提供した。これにより、文吾のルポタージュは国際的視野に立ち、貧困が世界各国で起こっている現象であることを示すものとなった。当時はまだ怖いもの見たさ、興味本位で貧困層の実態に関心を持つ人もいた。そんな中で、文吾の連載が本格的な社会派ルポに仕上がったのは、こうした羯南の示唆があってのことだ。格差の拡大、貧困層を放置する政治への憤りにおいて、羯南と文吾は一体だったのだ。それが羯南の文吾への後押しにつながった。

文吾はのちに、「羯南翁も漂泊生活を体験しただけあって危険知らずである」と回想している。明治二十三年十月、文吾は羯南の京都行に同行後、単身大阪のスラム街に乗り込んだ。大阪のスラム街の取材にあたっては、羯南は現地の人をあれこれ紹介した。だがどの人も「やめた方がいい」というばかりで話が前に進まない。仕方なく文吾は単身名護町のスラム街に飛び込んだ。東京の時と同じく、京都の古着屋で入手したボロに身をやつした潜入取材である。

大阪の状況は想像以上であった。貧苦や病苦によって、窃盗などの犯罪をしなければ生きていけない人々の生活が、そこにはあった。文吾はコレラの件数と窃盗の件数を比較し、そこに相似形を見出すことで、こうした人々の生活を明らかにした。大阪の取材は過酷であり、文吾はついに取材の過程で激しい嘔吐や下痢をするようになった。コレラ一歩手前の状況にまで陥ってしまったのだ。

「『饑寒窟の探検者大我居士虎列剌《コレラ》に罹り窟中に死す』といふ一行の電報は『日本』の紙上に永く読者諸君との訣別となりしならん」

文吾は自分の訃報が『日本』に載ってしまうのだなと覚悟した。だがかろうじて病院に運び込まれて一命をとりとめた。体調が回復すると、文吾は再びスラム街に潜入。取材をつづけた。

その後につづく貧困ルポの先駆に

文吾のルポは評判となった。明治二十六年には『貧天地饑寒窟探検記《ひんてんちきかんくつたんけんき》』と題して日本新聞社から書籍化された。この状況に注目したのは、羯南の『日本』のライバル紙、『国民新聞』を率いる徳富蘇峰である。蘇峰はさっそく文吾のルポに対抗できるだけのルポタージュを書ける人材を探し始めた。松原岩五郎はこうした経緯で採用された。

岩五郎は当時二十五歳。鳥取県出身で、両親とは幼い頃に死別している。兄が家業である酒造りを継いでおり、それを手伝っていたが、向学の志やみがたく、一文無しで家出した。途中山賊に襲われたが、同情した山賊から握り飯をもらったという。肉体労働をしながらカネをためて上京し、慶應義塾に学んでいたが、友人のツテで国民新聞社に採用されたのだ。

岩五郎は文吾と同じくボロに身をやつしてスラム街へ単身取材を敢行した。なんとかして他紙より果敢な突撃レポートを実施すべく、数日間絶食する訓練をしたり、上野の山で浮浪者とともに野宿をするなどの訓練を積んだうえでの取材であった。

こうした訓練の成果もあってか、その模様は『国民新聞』に連載され、のちに『最暗黒の東京』として書籍化された。岩五郎の『最暗黒の東京』は貧困ルポの先駆とされているが、その前に文吾の業績があったのである。さらに文吾、岩五郎につづいたのが横山源之助である。横山の取材ルポは『日本の下層社会』としてまとめられている。

余談ながら『最暗黒の東京』も『日本の下層社会』も現在では岩波文庫で復刊されており、現代人でも容易に触れることができる。ところが文吾の『貧天地饑寒窟探検記』だけは復刊されておらず、現代では全文は容易には触れることができない（岩波文庫の『明治東京下層生活誌』に抄録されているが）。先駆者ゆえの未熟さや、『日本』関係者特有の、明治時代の人さえ難解だと感じた古風な言葉遣いなどの欠点はあるが、重要な史料である。

文吾と儀助の探検と羯南のサポート

反貧困ルポの先駆となった文吾は、いかなる経緯で日本新聞社に入社したのだろうか。

文吾はツテを通じて羯南に紹介されるが、その時羯南から、笹森儀助の羯南に宛てた書束を新聞紙上に掲載できるよう再編集するよう言われた。実はそれが入社試験だったのだ。文吾はそれに及第し、翌日羯南に伴われ日本新聞社に通うことになったという。

ここで羯南に書束を送っている笹森儀助もまた羯南を語るうえで欠かすことのできない重要

人物だ。笹森儀助は弘化二年に弘前の在府町に生まれた。生家は羯南の実家の近所であった。二人は羯南が新聞を創業する前から深い交友関係にあった。儀助は十二歳も年下の同郷の後輩である羯南に教えを請い、羯南も行動力に満ち溢れた同郷の先輩に敬意を持っていた。儀助はのちに「明治三大探検家」の一人に数えられる存在となる。

儀助は明治二十四年、「当時の民権家が主張していた地租増徴（増税）反対の是非を確かめるためには各地の生産力と生活の実態を調べなくてはならない」と思い立ち、「貧旅行」と題し近畿から九州までを自ら調査した。これは党派的な増税論、減税論に与せず、「実体経済の状況に応じて税は決定されるべき」という羯南の考えと軌を一にするものであった。

翌明治二十五年には、軍艦磐城に便乗し儀助は千島列島に乗り込んだ。すでに日露間の千島樺太交換条約により千島列島は日本領となっていたが、政府はロシアを恐れて千島の開発に及び腰であった。それを痛烈に批判したのが羯南であった。羯南は「北海道義勇兵設立」を主張し、千島の防衛を論じている。そんな中で当時の樺山資紀《かばやますけのり》海軍大臣の密命を帯び磐城が千島に行くことを知り、千島の実態を探りに便乗したのである。

儀助の千島探検にはある『日本』の記者が同行していた。その記者こそ文吾である。羯南は儀助に書簡を送り、千島の気候や風土に限らず、人種、風俗、宗教、歴史や民間伝承まで調べてくるよう依頼している。そのうえで「文吾の世話をよろしく頼む」と言い、「この書簡は文吾にも見せて文吾と協議した方が便利であろう」と書いている。儀助、文吾両名への羯南の厚い信頼がうかがえる。この探検の成果はのちに文吾が「霧影濤痕録《むえいとうこんろく》」として記事にし、儀助は『千島探検』として自費出版した。『千島探検』は明治天皇にも献上されている。天覧への道筋をつけたのも、官僚時代の上司である井上毅を通じて羯南が働きかけたからだと言われている。

千島から戻った翌年の明治二十六年には琉球列島を調査。これも羯南の助言に従い、地理のみならず歴史、民俗、文化といった幅広い分野について調べ上げた。それは『南島探検』としてまとめられている。

『南島探検』の特色はマラリアによる島民の苦しみや、過酷な人頭税が課されている状況を告発したことにある。これにより二五〇年つづいた琉球列島の人頭税は廃止された。人頭税廃止の輿論喚起は羯南を中心に行われた。島民の視点に立った儀助の調査が実ったのである。

文吾と儀助のその後

文吾は明治三十二年に足尾鉱毒事件の取材のために谷中村に入っている。それまでの間、文吾は何をしていたのだろうか。

明治三十年、文吾は『皇陵参拝記』を著す。日本全国にある山陵（天皇の陵墓）を訪ね歩く旅をしていたのである。文吾は、江戸時代に同じく山陵を訪ね歩きその修復を訴えた蒲生君平や、大和・河内の山陵を巡り天誅組の変で処刑される伴林光平の名前を挙げ、「時代は違えど志は同じ人」であるという。そして各地の山陵を巡ることで歴代天皇の事績を思い、山陵修復の志を訴えた。こうした尊皇思想と、貧富の格差に憤る感覚がごく自然に共存していることが明治時代の国粋主義者の大きな特徴である。

谷中村への潜入取材の後は京都に移り、広告を請け負う京華社（のちの株式会社大広）を設立。市会議員なども務め、大正十一年に亡くなっている。六十歳であった。

儀助は琉球列島の探検後、南西諸島のトカラ列島や台湾の視察を経て東亜同文会の嘱託として朝鮮半島に渡る。その後帰国し青森市長などを務めた。大正四年に死去。七十歳であった。

文吾も儀助も、命懸けで潜入調査を行い、羯南は彼らを後押しし、示唆を与えつづけた。彼らと羯南は一心同体であり、羯南の目となり手足となり各地の現場を訪れることで『日本』の記事は充実したものになっていた。

『日本』の記者体制は大手と比べて貧弱で、事件事故などの社会面を作れる状況にはなかった。

しかし、その代わりに充実していたのが文吾や儀助のような潜入ルポタージュである。おそらく記者休制の不備を補う苦心の果てに見出されたルポタージュであったと思われるが、それは日本ジャーナリズム史に残る作品を生み出すきっかけともなったのである。

わたしは思う。貧困に苦しむものを救済する。それは義侠心だ。同胞が苦しんでいるのだから、迷わず手を差し伸べる。これこそ同胞愛であり、愛国心の原型と言える感情だ。わたしが羯南やその仲間たちの事跡を現代人が振り返らなければならないと思う点は、まさにこの点だ。彼らの義侠心に、わたしも鼓舞されたのだ。

わたしが羯南のことを本格的に知った大学生当時、世は小泉純一郎内閣で「構造改革」の嵐が吹き荒れていた。わたしは当時からいわゆる保守的な考えを持ってはいたが、小泉内閣の弱肉強食的新自由主義路線には、どこかモヤモヤとした違和感があった。これが正しい日本の方向性とはどうしても思えなかった。そんな時に羯南を知り、雷に撃たれたような衝撃を受けた。今後の日本の目指すべき政治、言論のあり方を示してもらったような気がしたのだ。

羯南の同胞愛の精神、それこそが現代日本人に欠けている精神ではないだろうか。

羯南の税制論

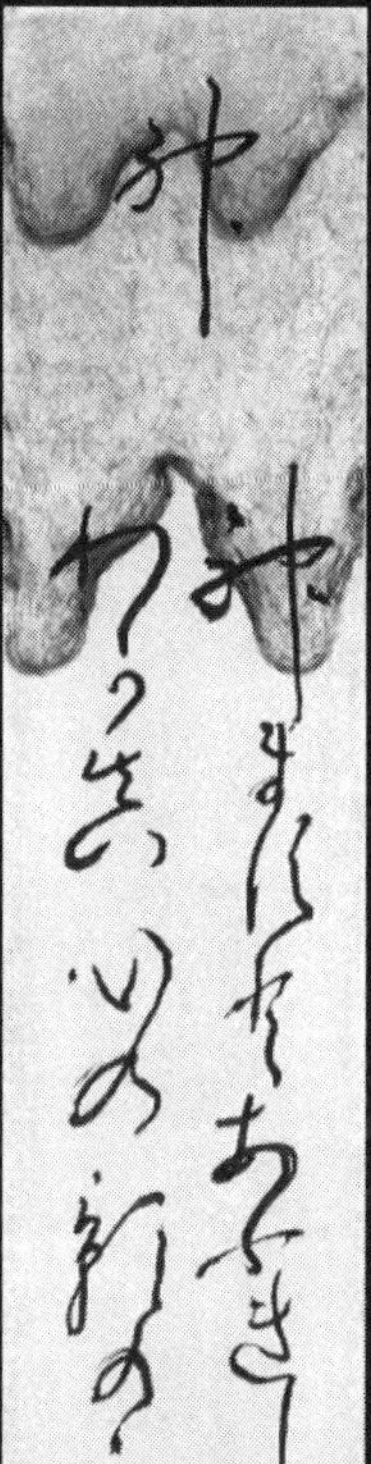

神ますとあふぎしみればます鏡
わが真心の影のうつれる　みのる
羯南の書（短冊）

宮古島の人頭税廃止運動

明治二十七年一月のことである。宮古島で事業を営む中村十作《じゅうさく》は、上京して貴族院議長の近衛篤麿、貴族院議員の重鎮谷干城らを訪ね、過酷な人頭税に苦しむ現状を訴えた。

篤麿は涙した。

「いまだに人頭税を課される同胞がいたとは夢にも思わなかった。残念である」

干城は激怒した。

「わが日本国内にいまさら人頭税の悪政に苦しめられている人民がいながら、なぜ内務大臣が知らないのだ。実にけしからんことだ！　わが日本国の恥ではないか！　天皇陛下に対し奉り畏れ多いことだ。自分も内務大臣に迫るから皆もすぐ迫れ」

こうして人頭税廃止運動が始まった。

そもそもどういう経緯で中村は篤麿や干城を訪ねたのだろうか。

中村十作は慶応三年に、越後国頸城《くびき》郡（現新潟県上越市）の庄屋の家に生まれた。真珠養殖の事業を始めようと、明治二十五年に二十五歳で沖縄宮古島にやってきた。そこで見たのは重い人頭税に苦しむ島民の姿であった。見るに見かねて中村は那覇出身でともに事業をしていた城間正安（ぐすくま）と、当時の沖縄県知事奈良原繁に人頭税の廃止を訴えた。だが、既得権者の反発もありうまくいかなかった。

明治二十六年七月には現地農民が反発。人頭税廃止をはじめとする島政改革を沖縄県庁と宮古島役所に請願する。しかし県庁も島役場も見て見ぬふりで動かない。埒《らち》があかないと判断した中村らは、上京して訴えることに決めたのだ。村人皆でカネを出し合い、中村、城間、村人二人の四人で訴えることに決めた。

宮古島を出るにあたっては、上京を阻止しようとする警官隊と一触即発の事態となった。だが中村ら四人は無理矢理宮古島を脱出した。もっとも、急遽決まった東京行である。集めた旅費では那覇までしか行けなかった。すると村番所の砂川金と池村山の二人が、二つの村の倉庫に備蓄してあった粟を勝手に売り払い旅費を作りだした。

「代表の四人は死を覚悟して出て行ったのだ。いつまでも那覇にとどめ置くわけにはいかない」

砂川と池村は逮捕されたが、「貧しかったので盗んだのだ」と言い張った。砂川と池村は拷問まで受けたが、中村ら四人の旅費のためだとは絶対に口を割らなかった。

この頃ちょうど笹森儀助が『南島探検』の取材で宮古島を訪れていた。

儀助は人頭税に苦しむ島民に同情し、

「圧政の下に生活している平民にも、新政を慕う萌芽がある」

と記録を残している。

中村が篤麿や干城を訪れた時は儀助の取材は終わっていたが、まだ『南島探検』は刊行されていなかった。そのため、東京では島民の窮状を知る者はほとんどいなかったのである。

明治二十六年十一月、上京した中村ら四人は、中村の郷友の増田義一を訪ね、作戦会議を重ねた。増田はこの年の七月に東京専門学校（現早稲田大学）を卒業したばかりであった。のちに増田は明治二十八年に読売新聞社に入社し、実業之日本社を興すことになる。

中村らはまず帝国通信社を訪問し、そこから芋づる式に新聞各紙を巡ることにした。『読売新聞』『毎日新聞』『郵便報知新聞』『二六新報』『中央新聞』『国民新聞』『時事新報』をまわり、最後に訪れたのが羯南の『日本』だった。各紙中村らの投書を掲載した。特に大きく取り上げたのが『郵便報知』、『読売』、そして『日本』である。

『日本』は「宮古島惨状一班」と題して一面に中村らの投書を掲載した。

だがそれでも不充分と考えた中村らは、近衛篤麿、谷干城、曾我祐準《そがすけのり》、品川弥次郎ら有力者と面会しようと考えた。曾我は柳河藩（現福岡県柳川市）出身の陸軍軍人。干城や鳥尾らとともに薩摩の黒田清隆のオトモダチ優遇政治をただす建白書を出した人物だ。中村らはまずこれらの人物に手紙を送ったうえで、自宅にアポなしで突撃訪問した。これが本章冒頭の場面である。

また、中村はこの時儀助とも会っている。宮古島でニアミスし、ともに島民に同情し人頭税の廃止を訴えた両者であるが、この時初めて会ったのだ。儀助は中村に『南島探検』を手渡したと言われている。

記録が残っていないのが残念でならないが、この時面会した篤麿、干城、曾我、品川、儀助というメンツはすべて羯南と親しい人たちである。中村らは手紙を送ったうえでアポなしで訪問してまわったというが、アポなしで有力者が簡単に会ってくれるものなのだろうか。おそらく羯南が運動に資する有力者に裏で手をまわしたのではないだろうか。少なくとも儀助は間違いなく羯南の紹介であろう。

明治二十七年五月の第六議会では、儀助の意見をもとにしたマラリア被害救済の建議が貴族院に提出された。また、曾我が宮古島の島政改革の請願を行い、採択される。だが衆議院では人頭税問題とは無関係な外国人の内地雑居を巡る問題で内閣弾劾上奏案が紛糾し解散してしまい、寸前で努力が水泡に帰してしまった。待てど暮らせど請願は日の目を見ない。中村らは焦燥に駆られていた。

中村らはいったん宮古島に帰るも、同年秋に再び上京。再度働きかけをつづけた。その甲斐もあり、翌明治二十八年一月には曾我が一時間に及ぶ大演説を行い、人頭税の廃止が採択された。しかし、人頭税を廃止し地租に移行するための土地調査がなかなか進まず、実際に廃止されるにはなお時間がかかった。ようやく廃止されたのは明治三十六年のことであった。

このように宮古島の人頭税廃止運動には、羯南をはじめとする『日本』関係者が大きくかかわっていたのである。

田口卯吉と谷干城の地租増徴反対論争

「財政の紊乱も外交の困難も、伊藤博文が自らの責任を逃れて軍備の不足に責めを負わそうとしている。伊藤は何かと口実を作り薩長連合内閣を作り、強硬に増税案決行に出るであろう」

明治三十一年、干城は羯南に書簡を送って注意を促した。ちょうどその年の一月には第三次伊藤内閣が誕生したところである。

日清戦争を契機として、政府は陸海軍を急速に膨張させ、その財源を地租の増税で担おうとしていた。この時政府が目論んだ増税額は六千五百万円。日清戦争前の租税総額が七千万円だった時代である。なんと一気に税金を二倍にしようと目論んだのだ。

この地租増徴の動きに激しく怒ったのが干城と羯南であった。

干城は主張する。

「嗚呼此勤勉にして可憐なる百姓を搾り地方を枯渇せしめ国家の富強を謀らんとす。是れ猶ほ妻を殺して児の産まるるのを欲するが如し。是れ狂と云はざるを得んや」

「古来云ふ農は国の本なり、又云ふ地は万物の母なり。我が日本の土地（即ち百姓）幾千年来他の三民を養へり」

このように、「国の根幹たる農業に重税を課してつぶすようなことがあってはならない」と論じたのだ。

そして干城の論旨は明治天皇との思い出話に及ぶ。

「明治六年地租軽減の挙あるや同時に聖天子は詔勅を賜はりて曰く、他税の増加するに従ひ地租は減じて地価百分一とすべしと。恐察するに当時の聖旨は実に農民の特に過重の負担を為すを御洞察遊ばされしものなるべし。然るに却て増率せんとするに於ては単に農民を苛待するのみならず併せて聖旨を擁塞し奉るものと謂ふべし」

明治六年に地租を減税した時にさえ、明治天皇は農民に過重な負担がかかっていることをご懸念されて、ゆくゆくは一%にまで下げるようにと仰せられた。にもかかわらず増税するとは、農民をいじめるのみならず、陛下のご意志までもさえぎるものだと怒ったのだ。

こうした干城の意見に対し反論したのが日本のアダム・スミスとも言われた経済ジャーナリスト田口鼎軒《ていけん》（卯吉）である。両者は『日本』紙上を中心に論争を展開した。

鼎軒は言う。

「余輩は将軍が非地租増徴論を唱えらるるは、全く細民を憐《あわれ》むの情に出《い》でたることを知るなり。余輩は深く将軍の資性の純白なるを欽す。而して之と同時に余輩は将軍の意見の誤謬たるを申告せざるを得ず。余輩は先づ将軍に向ひて現今地主と農民とに区別あることを知悉《ちしつ》せられんことを望まざる可らず。抑々《そもそも》地主の大なるものは貴族院多額納税者の如きもの也」

谷将軍の志は非常に立派だと思うが、谷将軍が誤解しているのは、地租は地主にかかる税金で、地主というのは農民ではなくて貴族院にいる高額納税者のことではないですか、というのである。慇懃に言っているようでもあるが、当時貴族院議員であった干城への痛烈なパンチでもある。

こうして干城と鼎軒の地租増徴論争が始まった。羯南は干城と同意見であったが、この論争ではあえて介入しない態度を取っている。羯南は『日本』の主催者として、中立的立場に立ち論争を総括する役回りを担うこととなった。

それぞれが「理」を論じあう論争こそ新聞のもっとも重要な機能であり、羯南はそうした論争の場を形成しようとしていたのだ。この論争は日本新聞社から『地租増否論』『続地租増否論』として書籍化された。

干城と鼎軒の論争は単に地租増徴の是非のみならず、農業こそ国の根本であると考え農本主義的主張をした干城に対して、鼎軒は商業を重んじる立場であり、両者の国家観が激突するものとなった。羯南が総括したとおり「都市（商業）と村里（農業）との間に於ける利害の争論たるに帰す」ものであった。

鼎軒は地租増徴賛成論者ではあったが、政府系の人間ではなかった。この論争はあえてアウェーの『日本』を中心とした論戦に応じた鼎軒の懐の広さに支えられたものでもあった。干城と鼎軒は農業重視か商業重視かという決定的な違いはあったが、格差の拡大は望ましくないという認識は共通していた。

また、議会政治への不信感も干城、羯南、鼎軒に共通していたことであった。「民力休養」を旗印に議会に進出した議員たちが、藩閥政府の甘言恫喝にいとも簡単に屈して、藩閥政府の方針に迎合し増税賛成論に転じるさまを目の当たりにしていたのである。地租増徴論争は、国を憂うる論客たちによる国家観を論じる重要な出来事であった。

地方自治の重視と官治への反発

「国家主義を賛成する吾輩は其の濫用に反対す。濫用に反対するは是れ寧ろ国家主義なり。今の所謂る国家主義は、濫用せられつつある国家主義にして、其の変性や既に久し。故に適当の名称を与ふれば、是れ『政府主義』にして而して国家主義にはあらず」

明治二十九年の羯南の論説である。明治二十年代前半、欧化主義に反発して誰よりも激しいナショナリズムを称えた羯南は、日清戦争後の軍拡、政府権力拡大には違和感を表明していた。しかもこの政府権力拡大には、自由党が積極的に賛成していた。

「かつての自由民権運動の闘士はどこへ行った!」

国民の負担増に心を致さない政府主義に、藩閥政府も政党も皆陥っている……。羯南の失望は深かった。

そんな羯南や干城が重んじたのが、地方自治である。羯南は言う。

「分権と自治とは本来別の意義を有するものにして、決して之を混同すべからず。何となれば一は行政上職権の分配にして、一は国法の範囲内に属して国家と人民との関係なればなり。吾輩が特に賛成を表する所以は、分権よりも寧ろ自治に在り」

羯南は弾圧を招かぬよう、西欧の学説を引用しつつ慎重に論じた。しかしその心は明瞭である。

「薩長藩閥の、権力を地方に押し付ける地方分権なんかまっぴらごめんだ！　それより地方の人々が自らその地域の行政を営む地方自治を行え！」

羯南には、藩閥政府と官僚に支配された「官治」的政界よりも、地方の「自治」に期待する思いがあった。

干城が地租増徴反対を述べたのは、中央の浪費によって地方の衰退が起こっているという危機感によるものであった。

政府は軍拡により百姓を兵糧製造機のように考え、あるいは農業軽視を商売繁盛の道具に使っている――。

こうした問題意識は現代にも通じるものがある。

わたしは思う。現代の税制は、大企業、富裕層優遇政策とセットであった。消費税の増税は、常に法人税、所得税の減税とセットであった。「社会保障のため」と言いながら、実際は社会保障に回るカネはわずかで、ほとんどは法人税減税、所得税減税の穴埋めに使われているにすぎない。

羯南も、

「国費の負担は均一を欲す。均一なるものは人民各自の富に比例するの均一を謂ふなり」

と述べているように、衰えかかった公義心を回復するためにも、累進制こそ必要な税制なのだということを主張していたのである。儲けさせてもらった社会に税金として還元することは恩返しであり、同じ社会を構成する者であるという連帯の証だ。

明治時代の政府も、現代の政府も、人々が生活を営む一人の人間であることを忘れ、政策の財源を提供してくれる機械のように考えている。

こうした政府の考えを真っ向から批判し、地方や庶民の生活を重んじる姿勢こそ、羯南の税制論であった。

コラム②　弘前の「養生哲学」と羯南

明治二十六年、羯南は義兄中田俊次郎の葬儀のため弘前に帰っていた。そこに弘前中学、東奥義塾の生徒五、六人が郷里の先輩の指導を受けたいと訪ねてきた。

羯南は「伊東重さんは私の竹馬の友で養生哲学を書いたから訪ねたらよかろう」と勧めた。これをきっかけに伊東重のもとで、明治二十七年に養生会が発足した。伊東重は津軽藩の藩医の子で、弘前市立病院長を務める人物であった。青年たちは毎月第三土曜日に伊東重の講義を聞く集会を開催し、それは伊東が亡くなるまでつづけられた。

養生哲学は十二ページほどの小冊子で、「近年の教育は知育を重んじ体育を粗略にしている」という問題意識のもと、自治共同の旗印を掲げ「早起き会」を中心として伝統的な訓練を実践していたという。「伝統的な訓練」とはどのような訓練なのかはよくわからないが、文武両道を目指し体育に重点を置いたものであったようだ。

羯南はこの養生会で、故郷の後輩に向けて漢詩を詠んだ。

名山名士を出す
此語久しく相伝ふ
試みに問ふ巌城の下
誰人か天下の賢

「名山は名士を出すという。この言葉は久しく伝わっている。弘前城下の諸氏に試みに問う。この岩木山のふもとで、誰が天下の賢と言えるだろうか」といった意味であろう。あえて故郷の人士を挑発し、発奮を促したのである。

羯南は伊東重に次のように書き送った。

「津軽を出て函館に出なさい。弘前、青森はあなたを用いる場所ではない。発奮して函館か仙台に出て、さらにベルリンにまで行ったらよい」

羯南は津軽から上京してきた人の面倒などをよく見た。だが一方でこのように地元に冷淡な発言もいくつか残っている。故郷を思いつつも、あまりにも強いしがらみですべてが決まってしまう故郷の状況には、不満を持っていたのかもしれない。

なお、養生会の「松陰室」には「深蔵如空」と書いた羯南の掛け軸がある。これは幕末の儒者伊東梅軒《ばいけん》が師である篠崎小竹のもとを去る時に、小竹からもらった餞《はなむけ》の言葉である。梅軒は、重の遠い親戚にあたる。

梅軒が師からもらった「深蔵如空」を思い出した羯南は、

「先に君たちに天下の賢たれと励ましたが、いま君たちの座すその場所は、かの吉田松陰が梅軒先生と国を憂い国事を談じた席である。梅軒先生は天下の賢だが、黙々と弘前で維新の変革に対処した。そして立身栄達は求めなかった。養生とは天に仕える道と老子は教える。人間はまず自分の生を養うことが大切で、いたずらに血気にはやり家産を傾け天下国家を論ずることをするな」

と諭した。辛亥革命に身を投じた同郷の後輩である山田良政にも、こうした生き方を指導した。

なお、なぜ梅軒と吉田松陰が会談したのかは解説が必要であろう。梅軒は幼い頃から読書を好み藩校「稽古館」で学んだ。その後梅軒は諸国を旅してまわり、見聞を広めた。その過程で横井小楠《しょうなん》、真木和泉、宮部鼎蔵《ていぞう》らと知り合うこととなった。吉田松陰が梅軒を訪ねたのは、この時の宮部との縁による。幕末の嘉永五年、吉田松陰は宮部鼎蔵とともに東北旅行を計画した。道中では水戸で会沢正志斎と面会。会津、秋田などを経て弘前を訪れる。弘前では、津軽海峡を航行する外国船を見ようとしたのである。松陰らは伊東梅軒宅に宿泊し二日間にわたり国事を議論しあった。梅軒は憂国の士として藩外にまで聞こえた存在であった。ペリー来航前の時点では、そうした存在は珍しかったのである。

伊東重は、明治三十九年に養生会幼稚園として伊東家自宅隣を購入した。購入した土地はかつての伊東梅軒の邸宅であった。伊東重はこの吉田松陰と伊東梅軒が会した部屋を「松陰室」として保存したのである。

ちなみに伊東重の次男である六十次郎は、父の養生哲学を踏まえつつ民族運動に挺身し、満洲に渡り自治指導部に関係し、建国大学で教鞭をとり、二・二六事件に関与して一年間拘禁され、出獄後石原莞爾の東亜連盟の中心人物として活動した。

伊東重は羯南ともっとも付き合いの長い親友の一人である。羯南はやや冗談ぽく伊東重宛の手紙に「恋しき伊東様」などと書いて結んだこともある、数少ない故郷の友人であった。羯南が伊東重に送った手紙には次のような一節がある。

「蓋《けだ》シ人ノ尤《もっと》モ貴ブ所ノモノハ才智ニ非ズ、学識ニ非ズ、唯Morale《モラル》一ノ而已《ミ》矣。Moraleハ他ニ非ズ、義理是也。人ニシテ義理ナクンバ、焉《いずくん》ゾ其ノ人タルニ在ランヤ」

故郷のさまざまな人の面倒を見たり、ともに事業を運営した羯南。人との交わりにおける義理、信義こそ、羯南が大事にしたものであった。

羯南と『日本』に魅せられたひとびと

日本新聞社員一同（羯南は前列中央）

羯南は「磁石」

「羯南はえらいですが、磁石としてのえらさで、その磁場にあつまっていった鉄片たちが重要かと思います。というより、そういう磁場とは何かということです」

そう語ったのは、歴史小説家司馬遼太郎である。司馬は羯南を「徳の人」と評した。司馬もまた、羯南を敬愛し、羯南に引き寄せられた一人であった。

司馬は津軽が好きで、わざわざ旧制弘前高校を受験したほどである。結局弘前高校には受からなかったが、津軽への関心は持ちつづけていた。特に好きな人物が、羯南であった。羯南は、まさに心ある人々を引きつけた「磁石」だったのである。

司馬は言う。

「陸羯南という人は新聞『日本』で政論を闘わせ何度も発行停止になった。そのことはだいたい描かれている。だが、羯南のもとにそうそうたる人材が集まった。磁場としての羯南を本格的に描いたものがない」

司馬の『街道をゆく』の「北のまほろば」では、「羯南の場合、一人の研究者もその故郷に持っていないのである」と書いた。このことは地元の郷土史家にはショックだったようで、司馬に抗議の手紙を出した。

司馬は誤りを認め、単行本化に際し「多いというほどの研究者をその故郷に持っていない」と改めた。このことが良いきっかけとなり、弘前における羯南研究はいっそう盛んになった。

司馬においても羯南好きは継続され、子規にまつわる話を描いた『ひとびとの跫音』などには羯南が登場するが、あくまで脇役にすぎない。あえて好きな羯南を脇役に配置したのは、「磁場」を描きたいという司馬の意図ではないかと思われる。

羯南のもとになぜこれほどまでに明治言論界の精華ともいうべき人材が集まったのか。それはとても難しい問いである。ただ、人格者として知られる羯南の人柄と、不正を許さぬ言論人としての強い使命感が、それらを意気に感じた人を引きつけていったことは間違いない。

憧れの日本新聞社

「これが憧れの日本新聞社か」

一人の青年が、日本新聞社の社屋の黒い門を見上げながら、見とれていた。

青年の名は、長谷川萬次郎。当時神田錦町にあった東京英語学校（現日本学園）に通う途中にある日本新聞社が、長谷川青年の憧れであった。当時の東京英語学校には、政教社の仲間である杉浦重剛、志賀重昂らがおり、東京英語学校自体政教社同人によって作られた学校であった。長谷川青年も『日本』の愛読者であり、のちに日本新聞社に記者として入社することになる。

この長谷川青年とは、のちにジャーナリスト、評論家として大成する長谷川如是閑《にょぜかん》のことである。

日本新聞社の社屋は初め日本橋蛎殻町《かきがらちょう》にあり、のちに神田雉子町《きじちょう》三二番地に移った。長谷川如是閑が見上げた社屋は雉子町の時代のものであろう。そこは木造青ペンキ塗りの二階建ての洋館で、『団々珍聞《まるまるちんぶん》』の跡地であった。黒い門は、団々珍聞時代に造られたものである。この場所は浅野長勲が紹介した。『団々珍聞』の主催者野村文夫は広島藩出身であり、その縁があったものと思われる。

『日本』の編集部は二階であった。この二階には、のちに政教社の雑誌『日本人』の編集室も移ってきた。政教社の『日本人』は、明治二十一年に創刊されたが、収益性の問題からか、創刊時のメンバーが交友を保ちつつも少しずつ離れていき、明治二十八年頃には創刊時のメンバーは三宅雪嶺一人だけとなっていた。雪嶺の個人雑誌状態となった『日本人』に手を差し伸べたのが羯南であり、日本新聞社内に『日本人』の編集部が移って以降、両者は事実上一体となって言論活動を展開した。

如是閑は日本新聞社の雰囲気についてこう回想している。

「私が日本新聞に入つた時には初めて世間のさういふ機関の中に入つたので、万事世間はかういふものと思つてゐたが、後に外で経験を重ねて見ると、日本新聞は実に格別の特色があつた別世界であつたことを知つた。記者全体が先輩も後輩もなく全く一つになつて、時には掴み合ひもあるが、全くのざつくばらんで、私自身はただ気の知れた友達同士の中にゐるとしか思へなかつた。従つて社の仕事を義務的に感じたことなんかは一度もなかつた。先輩に対して多少敬語位は使ふが心持は全く同輩で、陸さんも社長とかなんとかいふものであることなんか誰も考えていなかつたらしい。事実又社員は陸さんのことを『社長』などとは決して云はなかつた。皆ただ『陸さん』又は『陸翁』といつてゐた」

同志的雰囲気の中で『日本』が作られていたことがうかがい知れる。

『日本』は狭い編集室内で作られた。編集の仕事が一段落すれば、同人は狭い薄汚い部屋の中に大火鉢を囲んで政治について語った。

羯南は夜が更けるまで弘前訛りで国粋を談じ、歴史を語り、興国策を論じた。

社員の身の上を慮る羯南

のちに明治を代表する新聞記者と称された池辺三山もまた、羯南という磁石に引きつけられた一人であった。

熊本藩士の子として生まれた三山は、明治二十年頃、羯南と知り合った。すでに『経世評論』誌で活躍していた三山であったが、同誌が資金繰りの悪化から廃刊すると、特に行くあてもなくさまよっていた。そこを訪ねたのが羯南であった。

羯南は三山に「『日本』に何か書きなさい」とすすめた。

三山はこのすすめに従い明治二十五年頃から『日本』に書き始めたのだが、羯南はそれだけではなくどこからかカネを借りてきて、頼みもしないのに三山の『経世評論』時代の借金を肩代わりしたのだ。こうして三山は羯南に恩を受け『日本』に健筆を揮い、三山の筆名も高まってきた。

だが明治二十九年のある日、羯南は三山を呼びつけ、衝撃的なことを告げた。

「『日本』を離れて、『大阪朝日新聞』に行ってみないか」

『大阪朝日新聞』には羯南の官僚時代の上司である高橋健三がいた。高橋が松方正義内閣の書記官長に就くことになり『大阪朝日新聞』を辞めることになったため、後任を探していたのだ。そこで羯南は、三山を抜擢、推薦したのであった。

だが三山は羯南に強く抗議した。

「自分は『日本』にいらなくなったのですか！」

羯南は「君の身の上を思ってのことである」と懇切丁寧に説得した。

「此同情には降参しずには居られなかつた」

と、のちに三山は回想している。

その後三山は『大阪朝日新聞』から『東京朝日新聞』に移り、同紙で夏目漱石や二葉亭四迷を起用。『朝日新聞』を一流紙に押し上げた。

正岡子規の時もそうだが、羯南の社員への愛情の注ぎかたは、現代の上っ面の関係にすぎない上司と部下の関係とは全く異なることがわかる。それでいて羯南は偉ぶることもなかった。羯南や三宅雪嶺の人格に由来する、「ちつとも頑冥なとこのない」社風こそ『日本』だったのだ。

如是閑は羯南が亡くなった後も、

「私は、生活上の仕事に奴隷的の感じを伴わない世界――といふことを想ふ度に私の『陸さん』を思ひ出す」

と言っていた。

羯南の人柄

如是閑は羯南について、以下のように語る。

「先づあの詰まつた顔に、アシンメトリカルの眉毛と、慈悲深か相な眼付と、これも少し歪んだ口付とが、私の陸さんの第一印象だつた」

仕事ぶりは、

「諸先生の典型に属するやうに感じられた。さうして記者達をつかまへて、諄々と何か教へるやうな調子で、又実際教へるやうなことを話すのも先生らしかつた」

「記者の方へ向けて、先生自から朱筆を取つて、何とかいひながらその文章を削つたり直したりしたこともあつた」

という。羯南は社説を筆で書いていた。速筆は羯南の名人芸で、古島一雄によれば、

「机に向かって原稿を書きだすと、千言立ち所に成るという工合に、片ッ端から一枚ずつ文選工に渡して、再び見ることなく、あとは校正に委してしまう。実に飛ぶように達者なもので

あった」

というほどのものであった。

羯南は自分の仕事を早々に片づけると、囲碁などに興じていた。このあたりののんびりとした雰囲気も現代の会社とはずいぶん異なっている。羯南の囲碁好きは有名だったが、あまり上手くないことで有名であった。

櫻田文吾の回想によると、羯南の囲碁は「下手の横好き」で、自分の原稿が終わると、校正の確認の時間以外は夜まで常連の連中と囲碁を打っていたという。

三宅雪嶺の回想にもこの話は出ており、

「陸君の碁と云ふのは又た有名なもので、非常に下手で夫れで碁に限つて恐ろしく汚ない手を出す。勝つと大変な悦びであつたが、此汚ない手を出すので前『日本』の社員などは『陸君には碁を打たせるな、折角立派な人が之れだけで台なしになる』とまで云つた程であつた」

と言っていたという。

正岡子規の『病牀六尺』にも、

「碁の手将棋の手といふものに汚いと汚くないの別がある。それがまたその人の性質の汚いのと汚くないのと必ずしも一致して居ないから不思議だ。平生は誠に温順で君子と言はれるやうな人が、碁将棋となるとイヤに人をいぢめるやうな汚い手をやつて喜んで居る」

という一節があり、「普段は誠に温和で君子」と言われながら、「碁や将棋となると妙に人をいじめるような手を指して喜んでいる」人物というのは実は羯南のことではないかと思わせる。囲碁と並んで羯南の人柄を伝える回想として、羯南は喜怒哀楽の感情が激しかったというものがある。司馬は羯南を、

「西郷隆盛や宮崎滔天と同じく感情量が多い人であった」

と評している。

正岡子規も、

「羯南翁ノヤウナ感情的ナ人ニ手ヲ握ツタリ額ヲ撫デタリシテ貰ウト神経的ニ苦痛ヲ忘レル」

と書き残しているが、感情の振れ幅が大きい人だったようだ。

三宅雪嶺は、次のように回想している。

「陸君は立派な清廉な人だが、其の清廉とても何も自分が正義だとか清廉だとか自覚して強《しい》て遣つて居るのでは無い。天成斯《こ》う生まれ付いて自ら知らず、自然に潔白で謹厳なのだから一層立派に見えたのである。陸君の性格を見るには何事にも感情が支配して居た事を忘れてはならぬ。人と遭ふにも話をするにも始終其時其時の機嫌に依るので、之を知らぬ人は一寸《ちょっと》不思議

に思ふ事がある。好《よ》ければ非常に好く思ふが、悪くなれば滅茶苦茶に悪く思つてプンプン怒つて居る。此様《このような》時に出遭《でくわ》したものなら夫れこそ大変拳骨を食ふ。左様かと思ふと少しの事に酷く感心する事がある。併し此の感情は起ると思ふと直ぐ消えるのだから、陸君の欠点とならずに却て種々の美点を添《そえ》る事もあつた」

囲碁や将棋でいじめたり、喜怒哀楽が激しい人物など嫌われそうなものだが、不思議と羯南は社員に敬愛された。偉ぶらない性格と、社員を慮り手を差し伸べる姿勢が慕われたのだろう。こうしたエピソードも、ほほえましい思い出として語られている。

自らを恃む高橋健三

同じく羯南に魅せられた人物の一人が、官僚時代の上司高橋健三であった。

高橋健三の生涯を語った本は少ない。ほぼ唯一とも言える伝記は、政教社同人でありのちに東洋史家として活躍する、内藤湖南の書いた『高橋健三君伝』（明治三十二年）である。内藤は、当時高橋の秘書であった。

明治二十五年に官僚を辞し、翌明治二十六年には大阪朝日新聞に入社、論説委員として健筆を揮った。羯南の回想によれば「高橋は文才もあり天才であるにもかかわらず自習を好む。これが他人の及ばないところだ」という。

高橋は士風が頽廃していることを嘆き、恃《たの》むに足るのは自らしかないという矜持で「自恃庵《じじあん》」と号した。

「知行一致」

それが高橋の口癖であった。

すでに明治二十二年には、日本美術の発展に心血を注いだ岡倉天心と組んで『国華』を創刊。朝日新聞が後援についていたので、朝日新聞との縁は深かったのであろう。『国華』は天心の「美術は国の華なり」という創刊の辞から取られており、日本や東洋の美術研究を掲載する雑誌であった。また、東京朝日新聞の姉妹紙である『国会』新聞には、志賀重昂や三宅雪嶺といった政教社系の人物が論説委員として名を連ねており、朝日新聞グループと国粋主義グループは良好な関係にあった。高橋は、「皇室と国民の緊密な関係は、わが国の国体の精髄である」と論じており、庶民の生活を守ることを重んじるとともに天皇の権威を強調する論陣を張った。これは羯南ら国粋主義グループ全員に共通する傾向である。そのうえで天皇と民衆がお互いに引きつけ合う力を感得させるものは、「生ける歴史」を眼前に示す山陵（天皇陵）であると論じた。

高橋は明治二十八年には山陵調査を企画している。これは高橋家が仕えた尾張藩の旧主戸田忠至の事跡も意識したものであった。

第二次松方内閣への参画と挫折

高橋と羯南の因縁で注目すべきことは第二次松方正義内閣への参画と挫折であろう。

羯南は愛国的反政府言論活動ばかりしていた人物のように思われるかもしれないが、実は一度だけ自らの支持する内閣に肩入れしたことがある。それが第二次松方正義内閣であった。松方正義は天保六年薩摩に生まれ、幕末は藩主島津義久の側近として国事に奔走、維新後は大蔵大臣、総理大臣を歴任。日本銀行を創設して元老の一人に名を連ねていた。

明治二十九年、その松方に組閣の大命が降下したものの、各所の協力が得られず難航していた。その結果大隈重信の進歩党と組み、やっと組閣できる状況となった。そのためこの内閣は「松隈《しょうわい》内閣」と言われた。

もともと羯南は元老の中では松方正義に接近していた。これは伊藤博文や山縣有朋に対抗できるようにというパワーバランスの観点での高等戦術であった。もっとも羯南自身はそのことを否定しており、「あまりにも弱い内閣だったので同情したのだ」と言っていた。『日本』のライバル紙だった『国民新聞』を主宰する徳富蘇峰は羯南の用意周到さ、注意深さ、知己の広さなどに関心したうえで、

「(羯南は)善き意味において、なかなか謀を好んだる策士であつた」

「(政治運動について)相談する毎に、陸君の思慮はなかなか周到で、私の如き粗枝大葉の者が、とても追付くところでは無い」

と評したように、羯南は実は政界工作もできる手合いだった。

羯南は松方に、次のように迫った。

「あなたはどんな人をあてにして政治をするつもりか。誰があなたの力になって、世の大勢に対応していけるだけの能力があるのか」

そうした工作もあってか、松方内閣には内閣書記官長に高橋健三、法制局長官として神鞭知常《こうむちともつね》、その他稲垣満次郎《いながきまんじろう》も後方支援を行うこととなった。いずれも羯南と親しい人物である。松方内閣の政綱の起草は高橋健三が行った。高橋が政綱を起草するにあたっては羯南にも相談したと言われている。

松方内閣のもとでは、新聞発行禁止処分をできなくするよう『日本』を中心とした新聞各社

が働きかけ、不完全ながら禁止処分の規制緩和を勝ち取った。だが、羯南が求める発行禁止全廃は達成できなかった。

明治三十年十月、高橋健三や神鞭知常は政権の役職を辞職。羯南も松方内閣から手を引いた。松方内閣は内紛が絶えず、嫌気が差したものと思われる。

羯南は品川弥次郎に愚痴気味に語った。

「とんだ馬鹿を見ました。ここまで弱いとは思わなかった。もはやあきれ果てた。一年間尻を押していたが全く無駄に終わった」

萩はちり　芋は腐りて　此ころは　見るものもなく　食ふものもなし

羯南の歌である。長州（萩）の伊藤博文内閣が終わった後、薩摩（芋）の松方内閣に協力してきたが、松方内閣も腐っており、見るべきものはなかったということを暗示した歌である。

高橋は高級官僚出身者として羯南ら国粋主義グループを背後から支援し、人と人とをつなぐことに大きく貢献した。松方内閣を影ながら支援する機会など、高橋の人脈と実力なしには到底できなかったであろう。すでに書いたとおり、そもそも『日本』創刊の経緯にも高橋は大きくかかわっていた。古島一雄が高橋を「陸とともに忘れることができない人物」だと述べた理由も、そこにあるだろう。

高橋は体も弱く、病気がちなところがあった。松方内閣での激務は高橋の寿命を縮めてしまった。高橋は小田原で静養していたが、体調は改善するきざしを見せなかった。見舞いに訪れた福本日南は、やつれはてた高橋を見て涙がにじみ、

肺にやせて　ほそれる君が　むか脛《すね》に　宍《しし》つくほどの　春風もがな
やみ臥せる　枕辺さらす　幼児《おさなご》の　たちもとほれる　見ればかなしも

と詠んだ。高橋の小田原の別荘には見舞客がひっきりなしに訪れ、国府津駅前の馬車の馭者は「(高橋の別荘があった)山王原ですか」と聞けば必ず頷いたという。高橋は「厄介な体だなァ」とこぼしつつ、それでも大阪朝日新聞に論説を送っていた。

明治三十一年、高橋は肺結核で小田原の別荘にて亡くなる。四十二歳であった。高橋を看取った人物の中には、羯南の姿があったという。

『日本』新聞と読者

長谷川如是閑や丸山侃堂《かんどう》は学生時代から政教社同人とかかわり、それが縁で社員として採用されている。そこからもわかるとおり、『日本』は保守的な思想傾向を持つ学生が重要な読者

であった。羯南自身熱い政治的意見を持ちながらも、あえてそれを前面には出さず、アカデミックな分析を加えて努めて冷静に論じようという雰囲気があった。

古島一雄は、

「雄健なる文章とあふれる情熱とは、青年の血を沸かし、当時、神田の下宿屋ではこの新聞を購読することを誇りとしていた」

と述べている。投書欄に出た学生読者はすべて大学生であった。豪農地主層も読者であったと推定されている。実用的な記事は少なかったため、商工層の読者の比率は低かった。

一方で、『日本』は政府からたびたび弾圧をうけたため、『日本』を購読すること自体はばかられる風潮もあった。マルクス主義経済学者の河上肇はある学校の校長との対談で、

「明治の前期における政治問題の中心は、自由民権の主張にあつた。さうしてそれが当時の危険思想であつたのだ。だから学校の先生はもちろん、教員も、すべて此の種の思想に接触することを禁じられてゐた。現に君なども、その昔、『日本』新聞を読むことを遠慮せねばならなかつた」

と述べている。

ちなみに『日本』を購読していたことがわかっている人物の一人に革命家の北一輝がいる。

北は佐渡にいた若き頃から佐渡新聞を通じて、『日本』や『日本人』を入手し、読んでいた。

配達網は貧弱であった。読者からは、

「『日本』はいい新聞だけれども、配達が遅いので、朝家を出る前に新聞を読んだことがない。こんな経営ぶりでは駄目だ」

という叱咤も飛んでいた。

だが羯南自身はあまり気にしておらず、以下のように主張した。

「世の読者は新聞記者に向つて報告の速やかならんことを望み、論断の簡ならんことを望む。而して速と簡とは其の筆を深重にすることを許さず、深重ならざれば則ち報告論評に粗漏あることを免れず。記者（羯南）既に社会の燈台を以て自任し、世運の先導を以て自任し、輿論の裁判を以て自任す。然らば其の筆を下だすに軽躁浅薄なることを望まざるなり」

羯南は、世の人は新聞記者に速報性と簡潔な論評を期待する。しかし輿論の先導者であることを自任している自身は浅薄な論評はしたくないのだという。

営利性を嫌う羯南の新聞観が前面に出ているが、一方でそもそも『日本』は資本的に貧弱であって「速報」できるだけの記者網も販売網も持ちわせていなかった。今でいう論壇誌のような論説中心になっていったのは現実的にやむを得なかったと言える。読者も他紙にはともかく

『日本』には速報性を期待していなかったようだ。

日本新聞社の跡地を今訪うと

これほど多くの人を引きつけた日本新聞社であったが、その中心であった羯南が病気で引退したとたん、集まった人材は雲散霧消してしまった。羯南時代からの社員は、羯南のいない日本新聞社を去り政教社や『大阪朝日新聞』などに移籍していった。それは羯南が四面楚歌の故事を踏まえ「漢軍中聞楚声之心地も致候」と嘆かざるを得ないほどであったという。もちろんそれは各自生きていかなければならないうえでの選択であった。羯南の嘆きは後進の薄情を嘆くというよりは世の世知辛さへの嘆息であっただろう。

雉子町の日本新聞社は今でいう千代田区神田小川町一丁目とも言われるし、神田司町二丁目とも言われる。両所は二〇〇メートルくらいしか離れておらず、今同所を訪ねると、どちらもビルが立ち並ぶ通りで日本新聞社の面影をたどることはできない。大正三年に当時の社屋も火災で焼失し、再建されなかった。わずかに小川町駅近くにある「千代田区町名由来板」が、この辺りに日本新聞社があったことを伝えてくれるのみである。

わたしは思う。「この会社にしてこの人あり」と思うほど、『日本』社員、関係者は皆羯南と似て義をもって筆を執る人々が集まった。こんな稀有な集団があるだろうか。つまらぬ上下関係などうるさく言わず、ともに闘う同志として羯南が社員を遇したのも、当然と言えるだろう。

羯南の「浪人」という生きざま

加藤拓川（右）と碁を打つ羯南

新聞記者は「浪人」

「或日、羯南翁は其の卓子《テーブル》に肱を乗せて、恁《こ》う言《いっ》た。

『区役所から吾輩の戸籍を調べに来たが、職業を何と書いたら可《よ》からうと随分困つたよ』

『何と書かれましたか』と誰かが言た。

『無職と書いた』と羯南翁が言た。

『新聞記者は？』

『新聞記者は職業でないよ、これは浪人に属するものだ』

『はッはッはッ』

一同は俄《にわ》かに笑ひ出した。其時私は卓子の一隅にあつて此の話を聞いて居たが、新聞記者が果たして職業でないかに就《つい》て疑を起した。すると、傍に居た或る人は言た。

『併し、これで飯を食つている以上は職業といふべきだらうと思ひますが』

『飯を食ふという点から考へると、さうかも知れないが』と羯南翁は筆を指の間に挟んだ手を原稿紙の上に乗せて『併し飯が食へなくても、文章を書かなきやならんからな』

私は初めて先生の意のある所が解つた。飯が食へても食へなくとも社会の指導者として筆を執るのが新聞記者の任務であって、これが商売といふべきものでもなければ、『業』（職業）といふべきものでもないのだ。

（昭和十二年の）今日此の説を持ち出したら、若き新聞記者達は一驚を喫するだらう。浪人に属するものだといふに至ては、到底今の人には理解が出来まい」

昭和十二年。羯南のもとで書生をしていた佐藤紅緑《こうろく》は、『日本及《および》日本人』誌にこのような回想を寄稿した。当時、新聞『日本』は政教社の機関紙『日本人』と合併して『日本及日本人』に生まれ変わっていた。

羯南にとって、新聞記者とは「浪人」であった。ここで言う浪人とはどういう人物のことなのだろうか。紅緑は、この回想のあとこうつづけている。

「広い意味からいへば孔子も孟子も荘子も浪人である。釈迦も基督も浪人である。多くの宗教家は大抵浪人である。浪人は何人の束縛を受けぬ代りに、何人の援助も受けぬ。浪人の有名なものに赤穂の浪人（四十七士）があり、水戸の浪人（桜田門外の変の浪士）があり、大阪城の後藤（又兵衛）、眞田（幸村）、薄田（兼相）等あり。何れも正義のために一身を犠牲にした。歴史の精彩と活気を添へるものは恁ういふ犠牲者が何れの時代にも必らず出現するからだ」

「浪人」とは、己の正しいと信じた道を歩くために、あえて自己利益を捨てた生き方を選ぶ人のことである。

羯南にとっても「浪人」とは特別な意味合いを持つ言葉である。羯南は一時期官僚の仕事もしており、収入も安定していたのだが、藩閥政府の条約改正交渉の体たらくに憤り、

「俺も浪人になる！」

と義憤を発し、新聞『日本』を創刊したのである。

「薩長藩閥政府のやり方は間違っている。なんとか今の政治を変えなければならない」

義憤をともにした同志だけを頼みに、弾圧されても言うべきことを言う、そんな「浪人」の道を、羯南は選んだのだ。

「サムライの心で筆を執る」

これが羯南の意地である。

羯南の新聞記者論

「飯のために言論をやらない」のが羯南のポリシーであり生きざまであった。

ある日、羯南の親友である加藤拓川が、『日本』の資金繰りに苦しむ羯南を見かねて、売上

を増やすべく考えてくれたことがあった。

「『日本』は硬すぎる。株の相場表などを掲載したら、もっと新聞が売れるだろう」

しかし羯南は、

「僕の新聞はそんな俗っぽい人間に売れなくていいんだよ」

と返した。

もちろん羯南だって、売上を増やす工夫をすることで、自分の発言が世に広まるきっかけとなることはわかっていた。

だが、自己利益のために妥協するような真似は羯南の誇りが許さなかった。

ひとたび自己利益のために妥協してしまうと、ズルズルとどこまでも妥協を迫られることになってしまう。

そんな、利益が持つ怖さも重々身に沁みていた。

「新聞記者は高尚な仕事なんだ！」

そんな思いで羯南は、「新聞記者」という題の論説を書いた。

「吾輩は新聞記者の職を以て至重の職と為すものなり」

新聞記者が続々と生まれている今だからこそ、その品位が問われるのだ。高い教養をもとに、あらゆる階層からの利害関係にも超然として発言する。

「営利の業を為すに非らずして一の公職たり」

そのうえで「眼中に国家を置き自ら進んでその犠牲になる覚期」が必要なのだ。

「(新聞記者は)政府と人民との中間に在りて両者に関係を有し、殊に後者の利益と為ること に鋭意する」ものだ。ところが営利に依存したり、政党などの機関におさまってしまうと、ついつい権力やスポンサーの意向を忖度し、国民を忘れてしまう。だから「独立」しなければならないのだ。

「記者自身は即ち新聞事業の主宰者たらざるを得ず」

新聞記者たるもの、自分で新聞を経営しなければ一人前ではない。

羯南にはそんな自負があった。

そんな羯南は自らの新聞を「独立新聞」だと称した。世の中の新聞は政党の機関紙と化している「機関新聞」、より多く利益を得るために書く「営利新聞」ばかりだ。

「独立的記者の頭上に在るものは、唯だ道理のみ、唯だ其の信ずる所の道理のみ、唯だ国に対する公義心のみ」

どこかのひもつきにもならず、利益ばかり追うのでもなければ「独立」しているのか。そうではない。記者自ら主義思想を持って、政治家に使われるのではなく政治家に教える存在にならなくてはならない。輿論のご機嫌取りではなくその師友であるという自信を持たなくてはならない。

公正中立？　そんなものはカネか権力の奴隷となっている人間の逃げ言だ。

自らの信じる義、国に対して奉仕する心、それ以外の何物にも動かされてはならないのだ。それが、弾圧にも負けず信念を貫いた言論の魂なのだ。

羯南は日本新聞社の社長であったが、その前に一記者であった。

羯南は部下である社員たちに自らのことを「社長」と呼ばせなかった。

「経営者として記者を兼任しているのではない。記者として経営者を兼ねているのだ。だから僕の頭の中にあるのはどうやって『日本』の発行部数を増やすのかといった損益の問題ではなく、『日本』の品位をどうやって向上させようかという編集の問題なのだ」

というのが羯南の持論であった。

羯南には、

「自分は自己利益のために発言しているのでもなければ、特定の政治勢力を支援するために書いているわけでもない。自分は日本のために書いているのだ」

という強い矜持があった。それこそが狼の群れであった新聞記者を、「天職」に押し上げたのである。

明治期の人物評家として名高かった鳥谷部春汀《とやべしゅんてい》は、

「明治年間の新聞紙界における羯南陸実氏の位地は殆ど絶対的なりといふも可なり。筆力識見に於ては、恐らくは彼れと匹敵し、若くは其の上に出づるものあらむ。新聞記者の伎倆《ぎりょう》に於ても、彼を以て天下無双と謂ふべからず。或る意味における成功を新聞事業に現はしたるもの、亦他に其の人多かるべし。然れども彼等は大抵何物かの機関たらざるものなきなり。政府の機関たらざれば、党与の機関たり。否《しか》らざれば勢家の機関、財力の機関、又は時好《じこう》の機関、衆俗《しゅうぞく》の機関たり。独り羯南は何人何物の機関たらずして、鞏固にして且つ恒久なる精神的独立を保ち得たる文士なりき」

と評している。

羯南の評判を高めたのは、ひとえにその精神的独立性だったのだ。

一方で羯南は、「党派の機関紙になるのでもなく、営利を追求するのでもなければどうやって経営を維持していくのか？」という疑問には答えなかった。

営利性も党派性も放棄して言論活動を行うなどということは容易に実現できることではな

い。同志の支援だけを頼みに、羯南は綱渡りの経営をつづけていた。「独立」の結果は羯南の双肩にのみゆだねられたのである。

「体を張ってやるしかない！」

現代の大マスコミにもっとも欠けている、筆一本に懸ける必死の覚悟である。

羯南と五百木飄亭、佐藤紅緑

羯南は、男一匹で政府に反抗し、自らが信じる国への公義心を示すため「浪人」の生きざまを選んだ。そんな浪人の生きざまは、あとにつづく人間にも影響を与えている。それは、五百木飄亭《いおきひょうてい》（良三）と佐藤紅緑の生きざまによく表れている。

松山出身の五百木飄亭は明治三年生まれで、同郷である正岡子規の縁で『日本』に入社した。『日本』では貴族院関係の雑報を担当していた。その縁で貴族院議長であった近衛篤麿と親しくなる。羯南、篤麿らとアジア主義の観点から対外強硬論を主張する団体である東亜同文会、国民同盟会などにかかわっていくことになる。

佐藤紅緑は明治七年生まれで弘前出身。羯南とは遠い親戚にあたり、上京して羯南の書生となった。

「陸さんのところに行けるのか！」

紅緑には羯南への強い憧れがあった。紅緑は羯南の条約改正反対の論説に感動し、権力の威武も富力の誘惑も通じない『日本』の一員となることは中学生時代からの密かな願いだったのである。

羯南は紅緑の父彌六から、「乱暴者なのでどうか世話をせずどこかに放り出してください」と頼まれていた。

だが羯南は「見捨ててしまってはかわいそうだ」と紅緑の面倒を見つづけた。羯南は紅緑に「風呂焚きも水汲みもしてはならぬ」と命じ、「もっと大きいことをする人間になりなさい」と諭した。

紅緑は「はい！」と大きく返事をした。その眼からはうれし涙が流れていた。

またある日、紅緑は羯南に「新聞記者になりたいです」と伝えた。

羯南は「だめだ」と一蹴する。

そこで紅緑は後日、「小説家になりたいです」と伝える。

羯南は、

「ものを書いてそれをカネに代えるということなると、それで満足できるかね。ヴィクトル・ユーゴーのように社会人道のために、議論の代りに小説でいこうというなら実に立派なものだが、婦女子を喜ばして飯代を得ようというなら手品師のようなものだからね。もっと大きなことが日本の眼前に迫っているような気がするが、そうは思わんかね」

と優しく諭した。

紅緑は羯南をいたく尊敬していた。羯南に対し無礼な男にランプをたたきつけ、燃えた畳の火に座り、

「陸先生の悪口を言うものはこうだ！」

と激怒したという。

また、正岡子規最晩年の俳句の弟子でもあった。紅緑の本名は「洽六《こうろく》」と言った。子規は、

「俳号は『紅緑』とするがよかろう」

と、本名の読みになぞらえる形で号を授けた。激情家である紅緑が生涯敬愛しつづけたのが、羯南と子規であった。

実は本章の冒頭に紹介した佐藤紅緑の回想は、五百木飄亭が亡くなった際の追悼として書かれたものである。紅緑は、飄亭の生きざまを考えた時、即座に「浪人」という感覚が浮かび、

しかもそれは自らも飄亭も敬愛した羯南から受け継いだものだと感じたのである。

「政変がある度に大臣になりたがる様なものは、真の愛国者ではない。況《いわ》んや次官とか政務官とか勅撰議員とか、どさくさ紛れに私利を獲《え》ようとする連中に至ては気の毒なほど浅間《あさま》しい徒輩である」

地位のためでも富貴のためでもない、ただ日本のために発言する――。紅緑の美意識は羯南の美意識を受け継いだものであった。

飄亭の人生とその最期

もともと飄亭は、若い頃医学を学んだ人間である。

「病を癒すより国を癒す医者となりたい」

せっかく十九歳で医師開業の免許を得た飄亭であったが、その胸に去来したのは国事への熱い思いであった。

飄亭は羯南の同志であった近衛篤麿に仕えていた。

篤麿は明治二十五年に二十九歳で貴族院議長に就任すると、薩長藩閥政府に常に批判的態度を取り、政府の不正を舌鋒鋭く追及し、羯南ら非藩閥保守派の期待の星となっていた。伊藤や山縣は篤麿の入閣を求めるなど懐柔を図るも、篤麿はこれを断固拒否。篤麿一派は当時の有力な政治勢力となっていた。

明治三十七年、天はそんな飄亭に辛い仕打ちを与えた。篤麿が病気で亡くなったのだ。重篤となった篤麿を最期まで面倒を見た人物の一人が飄亭であった。

「まだ四十歳だというのに……」

「次の総理」と言われつづけた篤麿はこれからという時に亡くなってしまった。

篤麿の死後、多くの人が近衛家から離れた。だが飄亭は近衛家を支えつづけた。

同じく『日本』関係者で近衛篤麿に深くかかわった人物に国友重章、神鞭知常、神谷卓男がいた。篤麿死去の報が届くと、国友は酒を飲んで引きこもってしまい、神鞭は酒を飲んで篤麿の妻を罵り閉口させ、神谷は意気消沈して茫然としていたという。飄亭のみが「泣いていても仕方ない。篤麿の弔い合戦をしなくてはいけない」と周囲を鼓舞していた。

飄亭は、篤麿の死後は息子である近衛文麿を支えた。

だが文麿はまだ若い。

「自分がやるしかない」

この時から飄亭は日本新聞社を辞め、無報酬で国事に奔走する「浪人」生活を送り始めた。飄亭は、『日本』を出たあと、頭山満らと国家主義運動に邁進することになる。長州閥のボスであった山縣有朋を事実上の引退に追い込んだ大正十年の「宮中某重大事件」において、山縣に対する抗議活動で活躍した。

飄亭の生きざまを示す逸話がある。昭和二年頃のことである。当時総理大臣であった田中義一が、国家主義運動で大物となっていた飄亭を訪ねた。すると飄亭の家は非常に質素で、「天下の五百木がかくのごとく清貧に甘んじているのか」と驚いたという。飄亭は、時にわずかながら得る不定収入もすべて同志に分け与えていた。

乏しきを　分かち尽くして　除夜の鐘

飄亭の有名な句である。飄亭は右翼的アジテーターと評されたこともあったが、自らのために行動したわけではないことは確かである。

昭和八年、羯南の二十七回忌が谷中全生庵で執り行われた。全生庵は山岡鉄舟ゆかりの寺である。飄亭はそこで羯南の娘婿鈴木虎雄が編纂した『羯南文録』を配り、次の句を詠んだ。

文集も　成りて故人の　秋涼し

飄亭にとって羯南がいかに大きな存在だったのかがうかがえる、情感のこもった句である。

昭和十二年、五百木飄亭死去。死の四か月前に詠んだ俳句は、

子規は月　碧梧は梅の　仏かな

であった。子規は正岡子規、碧梧はその弟子の河東碧梧桐である。この日は、子規亡き後に『日本』の俳句欄を引き継いだ河東碧梧桐の三十七日忌であった。俳句を好みながら、自らの志のため、あえて文学ではなく国事に奔走する羯南に近い浪人の生きざまを選んだ男に去来する思いはいかなるものであっただろうか。死の淵にいる飄亭を見舞ったのは篤麿の息子近衛文麿であった。

佐藤紅緑の回想には次のような一節がある。

「飯が食へても食へなくても、国のために筆を執るのが新聞記者であり、浪人の本分であるといふ羯南翁の気魄が即ち飄亭君の気魄であるまいか」

飄亭の墓は多磨霊園にある。今訪れると、その簡素な墓に財産を何も残さず国事に奔走した飄亭の生きざまが感じられる。

このように、己の名誉ではなく国家に尽くすため浪人となって活動する羯南の志は確実に後進に受け継がれていったのである。

羯南に『日本』創刊を決意させた福富臨淵

浪人の生きざまで国事を論じる――。それが羯南の志である。羯南がこの志を立てた背景には、創刊の頃、羯南に影響を与えた一人の男の姿があった。

「至誠の人、熱情の人であった」

羯南はその男を思い出すたびにこういって涙を浮かべるのである。

その男の名は、福富臨淵《りんえん》（孝季《たかすえ》）である。

明治二十一年、羯南はようやく『東京電報』を創刊したばかりであった。

羯南は憤っていた。もちろん政府の条約改正運動の体たらくについてである。

語り合う相手は杉浦重剛であった。その杉浦がたびたび、

「福富がな……」

と口にするのである。杉浦が留学中に知り合った、福富臨淵についてである。羯南は自分と同い年、安政四年生まれのこの男に興味を持った。

土佐出身の臨淵は言語動作に愛着を持たせる人であった。まだ若いのに白髪で、背の高い大男であった。前述のとおり、国粋主義グループは「国粋保存」「国粋顕彰」を合言葉に『日本人』『日

本』に集まった人々であるが、それは雑多な小集団の連合体でもあった。乾坤社とは、杉浦を中心とした小集団である。

臨淵は相撲が好きで、明治を代表する横綱の梅ケ谷、大関の劔山、同じく大関の八幡山などを贔屓とした。梅ケ谷を贔屓するあまりライバル力士を憎むこと甚だしかったが、「ライバルができたこと自体は悪いことではない」などと相手を認めることもできる人物であった。

杉浦から話を聞きつけた臨淵は、留学先のイギリスから帰った後羯南に会い、情熱的に語った。

「吾々は、吾々が執る所の主義のためには、幽囚の危険を冒しても公然と発言し得るの用意なかるべからず」

羯南が『日本』を創刊しようと決めたのは、

「確かに新聞社を営むことは簡単ではない。先輩や友人が助けてくれているとはいえ、業績が上がっていない。俺も助けようじゃないか。俺たちは、俺たちが採るべき主義のためには、たとえ捕まる危険を冒してでも公然と発言する用意がある。同志の力を結合しようではないか！」

という臨淵の思いに鼓舞されたからであろう。臨淵は谷干城や杉浦重剛など有力者を説いてまわり、『日本』への支援を約束させた。浅野長勲は「採算は取れるのか」と渋ったが、臨淵らが強く説得したことで助力を承諾した。

このように『日本』の創刊にあたっては臨淵の周旋の影響が大であった。

わたしは思う。臨淵あってこその羯南であると。臨淵の「同志を結集して輿論を突き動かそう！」という熱い思いが、多くの人を動かすエネルギーになった。この情熱は、言論の内容以上に大事なことだ。人は細かく見ればそれぞれ意見が異なる。違いを気にしだしたらきりがない。しかし、ともに国を思って立ち上がった人間である。細かい意見の違いを気にするよりも、情熱を共有する仲間であることをまず念頭に置くべきだ。仲間割れこそはもっとも運動を沈滞させ、権力を笠に着て甘い汁を吸う者にとってもっとも都合がよいことなのだ。何よりもまず同志が一堂に会すること、そして立ち上がる勇気だ。臨淵の故事はそれを教えるのである。

この臨淵、同志の間でも激情家として知られていた。酒を呑んでは国事を悲憤慷慨し、ワーワー泣き喚いた。世の軽薄を罵倒し、そしてまた呑んだ。日本酒七升、ビール瓶二十四本を呑んだとか、ウイスキーを一瓶一気飲みしたとか、その酒量は尋常ではなかった。また臨淵の部屋は書類や衣服が散乱し、全く片づけなかったという。

文学ではヴィクトル・ユーゴーを愛した。

「ユーゴーは仁人義士だ」

と語っていたという。臨淵の影響もあってか、羯南もまたユーゴーを愛した。

また、臨淵は平野国臣の、

君が代の　安けかりせば　かねてより　身は花守と　なりけんものを

の歌を愛した。

臨淵は世を悲憤慷慨し、大いに語る癖に、

「自分は筆不精だから……」

などと引っ込み思案なことを言って『日本』にあまり書きたがらなかった。しかし、条約改正反対運動の時に『日本』関係者の集会場となった「日本倶楽部」の創設には、臨淵は尽力した。豪快な性格ではあるが、裏方仕事を好むのが臨淵の常であった。

臨淵が『日本』で唯一書いたのは劇評であった。『日本』は政論ばかりの硬派な新聞で、柔らかい内容の記事が載ることはなかった。唯一柔らかい内容と言えば劇評（歌舞伎評）と相撲評であり、劇評を多く書いたのが臨淵であった。臨淵の十八番は忠臣蔵である。忠臣蔵は『日本』関係者と因縁があり、多くの同人が愛した物語であった。

「あえて自らの損得を犠牲にして忠義に努める」

明治時代の世にもっとも欠けている精神に思えたのである。

ちなみに相撲評は近衛篤麿や佐々木高行の息子高美が好角家であり、彼らの相撲評を編集長である古島一雄が聞き取って記事にしたという。

明治二十四年三月、羯南は小石川の臨淵の家を訪ねた。臨淵は官立鹿児島高等中学造士館の校長になり、九州に発つことが決まっていた。

羯南は、『日本』の経営難を嘆き、

「一新聞の興廃など世間の人間には何の関心もないだろう」

と愚痴をこぼした。『日本』は意気洋々と創刊したはいいものの、資金繰りには常に苦労していたのだ。

臨淵はこの言葉を聞き、大いに気分を害した。手元の杯をグイと飲み干し、

「何を軽薄冷淡なことを言う！　創刊の時の思いはどうした！　俺は東京を去るが、願いは『日本』が維持されることだ」

と羯南を責めた。

羯南はこれを聞いて居住まいを正し、

「つまらぬ放言をしてしまった。申し訳なかった」

と謝って帰った。

それから数十日経った四月九日、羯南は京都にいた。そこで偶然谷干城に会い、衝撃的な知らせを耳にする。臨淵が死んだというのだ。羯南らは予定を切り上げ至急帰京した。臨淵の死因は伝わっていないが、世を悲憤するあまり割腹し自ら命を絶ったと言われている。

福本日南は、臨淵の奥津城（墓）を詣でて歌を詠んだ。

なきたまに　いつかささげん　あまさかる　みなみのしまの　あらかねのつち

この時日南は欧米の植民地支配に対抗するため、フィリピンに経済進出することを主張し、フィリピン渡航を実行していた。その決意を臨淵にも誓ったのである。

羯南にとっても臨淵の死は大きなショックであったと思われるが、この時の羯南の反応は伝わっていない。

「『日本』は爾《なんじ》（臨淵）が誠意に出でたる功業の一紀念ならずや」

羯南はのちにそう語っており、臨淵の命日には墓参を欠かさなかった。

コラム③　辛亥革命に挺身した山田良政と羯南

山田良政にアドバイスを贈る

明治二十一年、羯南は品川弥次郎から紹介された内閣官報局を退職して『東京電報』を創刊する頃だ。一人の男が羯南を訪ねて来た。

「私は今後、どうしたらよいでしょうか」

羯南を訪ね身の振り方を相談しているのが、山田良政だ。羯南の郷里弘前の後輩である。

山田良政は、元津軽藩士であり津軽塗の再興者の山田浩蔵の長男である。羯南の生家と山田家は通りを挟んだ向かいに位置していた。

良政は、青森師範学校を中退し流浪していた。同級生が起こした校長とのトラブルに義憤を起こし、友人をかばって処罰され退学となったのだ。羯南もまた校長とのもめごとで司法省法学校を去ったことがある。学校を去ることになった経緯まで羯南そっくりな人生を歩んでいたのである。

羯南は良政を迎え入れ、アドバイスを送った。

「日本として、いま大切なのは清国の研究である。各国は清国に注目し、勢力を扶植し、盛んに往来研究もしている。隣の日本がまったく立ち遅れているのはいかにも残念だ。自分も清国研究がやりたいと思いながら、ついその機会を失った。幸い郷里も同じくする君が来たので、自分に代わって清国研究に専念してほしい。それには、清国に行くがよい。また商売でも何でもよいから、自ら働いて資力を得、清国人と深く交わって勉強しなさい」

羯南自身、欧米の植民地支配に脅威を感じ、アジアを列強から守らなくてはならないという志を持っていた。羯南は初期政論の頃より日清は「唇歯輔車《しんしほしゃ》」の関係（互いに助け合うことが必要な関係）にあると強調している。良政へのアドバイスも、こうした思いによるものであろう。

良政は羯南の勧めに従い明治二十二年に水産伝習所（現東京海洋大学）に入学した。水産伝習所は当時京橋区木挽町の厚生館にあった学校で、良政は第一期生として入学した。一年間で実業者の育成を目指す学校であった。当時の生徒は国士的青年や、官吏、実業の経験者など玉石混交の状態であった。翌年伝習所を卒業した良政は、再び羯南を訪ねた。

羯南は、

「実業に関わりながら大陸と関係を持つのがよかろう。北海道に行くといい」

と北海道行きを勧めた。羯南自身、北海道の紋鼈製糖所に勤めた経験があるためだ。

良政は羯南の意見に従い、北海道昆布会社に就職し、上海支店に勤務となった。当時、日本から中国への海産物の輸出はほとんど華僑に依っていた。北海道昆布会社への就職を勧めたのは、カネのない良政が働きながら大陸とのかかわりができる道を考えてのことである。これをきっかけに良政は大陸とかかわることになったのである。

上海では、荒尾精らが作った日清貿易研究所にも通っている。同研究所はアジア主義の源流として有名で、後述する東亜同文書院の前身となる。

良政、孫文と出会い革命に挺身

明治二十七年に日清戦争が勃発すると、良政は昆布会社を辞め陸軍通訳官として従軍する。その後は北京に行き、清朝の改革派の政治家である康有為などと親しく付き合うようになる。康有為は、明治維新に倣って清朝の改革運動を計画していた。だが西太后や袁世凱ら守旧派に阻まれて改革は進まず不穏分子と見なされ弾圧された。

明治三十二年、良政は改革派の一人王照を伴い日本に一時帰国する。良政は王照の保護を羯南に依頼。王照は根岸の羯南宅にかくまわれることとなった。良政も神田に居を構え、しばしば羯南を訪ね東洋の情勢について語り合った。

そんな中、良政をある中国人が訪ねた。その男こそ孫文である。孫文は良政に中国の情勢や自身の抱く革命思想を力説した。

「ともに革命を成し遂げようではないか！」

二人はたちまち意気投合した。良政は孫文の革命の情熱に共感を覚え、援助を約束した。

この頃良政は東亜同文会に入会する。東亜同文会とは、「シナ保全」を掲げて設立した当時のアジア主義を代表する会である。会長は近衛篤麿、幹事長は羯南であった。東亜同文会が上海に設立した学校こそ、南京同文書院である。南京同文書院は、のちに東亜同文書院と名を変えた。

良政の東亜同文会入会は、羯南の縁によるものであろう。この頃の羯南は、日清戦争後、西洋列強が「シナ分割」（各国の植民地的利権争い）を企むことに対して強い危機感を持ち、東洋の問題は東洋で解決すべきと主張していた。東亜同文会への積極的な参加も、そうした考えによるものだ。

翌明治三十三年、良政は南京同文書院に教授兼舎監として赴任した。そこで孫文ら革命派との連携を深めていく。同年、東亜同文書院が上海に移転になるのに併せて良政は東亜同文会を辞め、一層革命運動に挺身することとなった。同文会側は革命運動への深い関与は時期尚早と見ていたため、良政らと見解の相違があったのである。この頃羯南らも東亜同文会を去っている。

　革命はなかなか思うようには進まなかった。衰えたりと言えども、清朝はまだまだ強大であった。だが良政は、

「男子が何事かをなそうというのに途中であきらめるべきではない」

と語り、孫文を見捨てることはなかった。

　同年秋、義和団事件が起こると、革命軍はこれに乗じて恵州で蜂起した。軍勢は二万人に拡大し、破竹の勢いで清軍を撃破、恵州城を包囲した。しかし、兵糧が尽きると劣勢に転じ、退却した。

　この時、良政は退却軍に交じっていた。退却軍は、たびたび清朝の追撃軍と遭遇し、激しい戦闘状態に入った。良政は撤退の最中に清の軍隊に捕らえられ殺害された。良政は辛亥革命にかかわった日本人の中で最初の犠牲者となった。

　羯南は良政の死に対し何のコメントも残していない。良政がこの時亡くなったことは、大正八年に弟純三郎が消息を突き止めるまで分かっていなかった。大正八年には羯南もこの世にいない。

　孫文はのちに弘前の山田家の菩提寺、貞昌寺に碑を建てて、良政を追悼した。

「山田先生弘前人也。庚子又八月革命軍起恵州、先生挺身赴義遂戦死。嗚呼其人道之犠牲、興亜之先覚也。身雖殞滅、其志不朽矣」（山田先生は弘前の人である。一九〇〇年八月、革命軍が恵州に起こるや先生は身を挺して義に赴き、遂に戦死した。嗚呼人道の犠牲、興亜の先覚、その身は滅ぶと雖も志は不滅である）

国粋主義は何を語ったのか

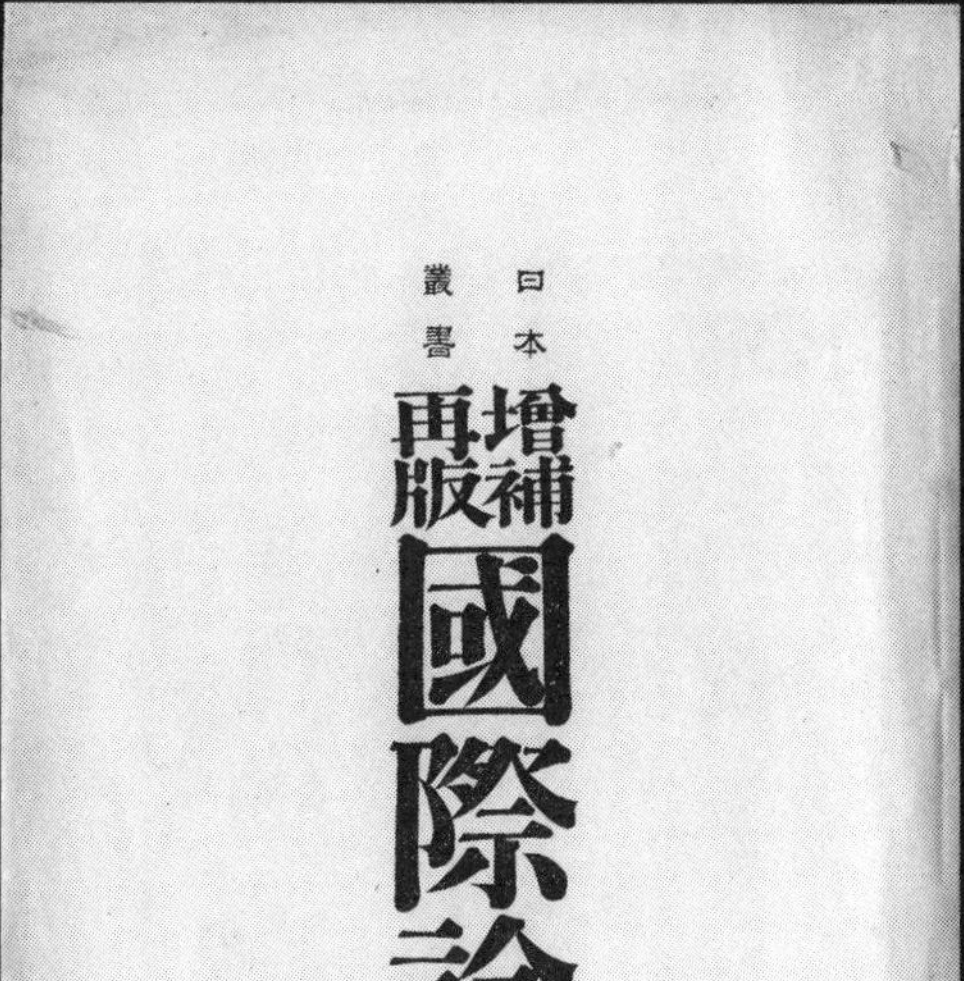

羯南の著作

守るべき国粋

「国の元気を発揚する！」

羯南ら国粋主義グループの考えを示すキーワードである。

「元気」とは、儒教的解釈により「元々もっている気質」と考えるのが正しいのだろうが、現代日本人が「元気」と聞いて思い浮かべる「活力」のような解釈もまた間違ってはいないだろう。

外国のものをそのまま移植するよりも海外の事例を参考にしつつ日本の良いところを伸ばすべきだというのが国粋主義者の主張である。そのような明治二十年代の国粋主義を、明治三十年代の日本主義者高山樗牛は「進歩を説かず、旧形を保とうとするだけだ」と批判する。確かに国粋主義者は「守るべき国粋」を具体的に明示しなかった。だがそれは樗牛も同様であった。むしろ国粋主義は、国粋を具体的なもので置き換えること自体を嫌った。

「国粋」とは国の元気なのだ。日本人一人ひとりが持てる才能を日本のために尽くすことができるように、日本は自らの文化を保存することで世界の文明の多様な発展に貢献できるのだ。これこそが国粋主義の発想であり、これは世界を一様に染めようとするグローバリズムの発想とは別物である。

明治二十年代の国粋主義は、文明開化の風潮に反発し、日本は日本の美質を育成、発展させていけばよいと論じた。こうした風潮の中で、富士山（志賀重昂）や忠臣蔵（福本日南）、仏教美術（岡倉天心）、日本画（岡倉天心・狩野芳崖）、短歌や俳句（正岡子規）などが見直されることになった。

羯南が対峙したのは、政治思想という具体的な現物がない分野であった。その中で、現実の大日本帝国の外交政策にも翻弄されながら、羯南は近代西洋文明に対抗すべき「日本」を見出さなければならなかった。

「東邦協会設置趣旨」でアジア主義を謳う

「国を建つる所以のもの豈《あ》に偶然ならんや、人民の慶福を図るに在りと言ふと雖も亦《ま》た以て、世界の文化を賛するが為めなり。蓋《けだ》し国の此の世界における必ず天賦の任を負うものあらざる莫《な》し。個人ハ社会の進歩に力を致す。而して国家は世界の文明に与《あずか》り天地の化育を賛す。之を名付けて国家の大道と曰《い》ふ。国家の大道は帝王の道なり。帝王ハ必ず宇内《うだい》に向て其の道を行はざる可らず。今や地方に自治を命じ個人に政権を分つ。是れ豈に個人の慶福を図るに止まらんや。亦《また》以て国家内政の務を簡にして王道を宇内に行はんと欲するのみ。国家の任務ハ博且つ大なり。王道なるものハ域中に跼蹐《きょくせき》す可らず」

国を建てる理由は国民の幸福を図るだけではない。世界の文化を発展させるためである。国は、こうした天賦の任を背負っている。個人は社会の進歩に力を尽くし、国は世界文明の進展に協力する。これこそ大道であり王道である。国家の任務は広く大きい。王道をもたらす領域は国内に縮こまっていてはいけないと言うのである。

しかし、天命を負っている国は日本だけではない。世界の国々もまた、それぞれ「国の元気」を持ち、「国粋」を発揮して果たすべき天命を持っている。日本は自国の天命を果たすとともに、アジア各国がそれぞれの天命を果たすことを助けるべきである――こうして国粋主義はアジア主義に結びつく。だからこそ、羯南は「東邦協会設置趣旨」においてこのようにアジアの王道を謳ったのだ。東邦協会は明治二十三年に、東洋や南洋の諸国の状況を研究する目的で設立された有志の会である。

東邦協会においては、東洋各国は東洋文化を共有する存在であり、東洋は地理的名称に留まる存在ではなかった。

この東邦協会を語るにおいては、羯南の親友福本日南を抜きにして語ることはできない。

フィリピンと被差別部落民への思い

日本新聞社創立以前の明治十九年のことである。司法省法学校以来の羯南の盟友である福本誠は、小石川に住まいを移すこととなった。羯南は、引っ越し祝いに國分青厓、杉浦重剛、高橋健三らとともに福本の新居を訪れた。明治国粋主義を彩る人物たちがこの時顔を合わせたのである。

中でも意気投合したのが、福本と杉浦であった。この時から二人は深く親交を結んだのだ。その一か月後には、福本は杉浦が創立した東京英語学校で教鞭をとることとなった。さらに、杉浦原案、福本執筆で『樊噲夢物語――一名新平民回天談』を上梓している。

この『樊噲《はんかい》夢物語』は不思議な本である。舞台は一人の隠者の夢の中の話である。日本の被差別部落民が皆フィリピンに移住し、現地住民と親交を持ち、彼らと連携してスペインの暴虐な植民地支配を打破するという筋書きになっている。あまりにも妄想的なので夢物語という体裁を取っているが、一方で政策論的側面も持ち合わせていた。

例えば数ある欧州に植民地支配されている国の中でなぜフィリピンを選んだのかと言えば、スペインのフィリピン植民地支配が苛烈であり、それに義憤を起したからである。フィリピンは戦国時代には日本から移住した人が三千人以上おり、その際には日本人の義勇、廉恥の心が深く住民から尊敬を集めたが、江戸幕府の鎖国政策により交流は途絶えてしまったのだと論じたのだ。

福本と杉浦がこの本を書いた目的は、いわれのない差別と偏見に苦しむ被差別部落民を救うこと、そして欧米の植民地支配を打破することにあった。肉屋の主人から漢の高祖劉邦を支え重臣となった樊噲を持ち出しているのもそのためであろう。国内の差別と国外の暴虐。福本らにとってそれらは等しく打破されなくてはならなかったのだ。

『樊噲夢物語』の出版は、心ある青年を動かした。

明治二十一年夏、福本の家をある青年が訪ねて来た。福本より八歳年下のその青年は、背こそ小さかったが筋骨は発達しており、好男子たることは一目で明らかであった。

この青年の名を、菅沼貞風《ていふう》という。

菅沼は「僕もあなたと志を同じくする者だ。意見を聴きたい」と言った。

二人は二、三議論を交わすとたちまち意気投合した。菅沼は『樊噲夢物語』を学生時代に読み、共鳴していたのだ。

「西欧列強に対峙するためにフィリピンの植民地政策を打破しなければならない」

これが二人の志であった。二人はフィリピンに赴くべく準備を重ね、翌明治二十二年には現地に行くことになった。

この時福本は、同年羯南が創業した新聞『日本』の編集長として日本新聞社に入るはずであった。だが籍は残しつつも実質的に『日本』の仕事を放り出す形でフィリピンに行くことにしてしまった。

正直羯南は「困ったことになったな」という思いが胸をよぎった。だが、「同志である福本が情熱を注いでいる事業なのだ、妨げるわけにはいかんだろう」と思い直した。

福本らにはフィリピンの領土を奪取しようなどというような野心は全くなく、欧州列強を追い出しフィリピンと通商関係を結ぶことが狙いであった。一足早く菅沼が明治二十二年四月にフィリピンに渡る。福本はやや遅れて五月二十一日にマニラに着いた。この時福本は以下の歌を詠んだ。

日の横の　関路を越えて　天つ日の　南の人と　なりにける哉

この歌から取って、福本は自らの号を「日南」とすることにした。「南の人となる」という歌からもわかるとおり、フィリピンに骨を埋める覚悟だった。

日南らは、現地住民の生計の立て方や法律、税金、輸出入相場、貿易品目、貿易額などさまざまなことを調べ上げた。日南の回想によればそれは「夜も昼も間断ない」ものであった。

六月十九日には調査の成果の一端が『日本』に書信として掲載された。そこでは、

「目下此の島にある者は西班牙《スペイン》人を除きては独逸《ドイツ》人一番多かる可し。独逸人は大抵商業等に従事し居れども其の志は全く群島を挙げて其の手に収むるに在り」

と、スペインに代わりドイツがフィリピンを支配することがあってはならないと警鐘を鳴らしている。しかし事態は急変する。あらかたの調査を終え一旦帰国しようと考えていた矢先、菅沼がコレラにかかり急死してしまったのである。

「なんてことだ……」

日南は途方に暮れながらも現地で菅沼を手厚く葬った。そして『日本』に菅沼が亡くなった旨を書信として書き送った。

「同感同志の者」を失い、「地に号《さけ》びて慟哭せざるを得んや」という状況であった。「日南の事業に殉じたる」菅沼を思い、その早すぎる死を悼むとともに、国家百年の大計としてますますフィリピンへの移民事業に取り組む旨決意を新たにしたのであった。

明治二十三年、日南が発起人となり、東邦協会が設立された。東邦協会は、東洋や南洋の諸国の状況を研究する会である。日南とともに発起人となったのが、陸軍軍人でありながら独自に清国改革派と通じて清仏戦争に乗じて清国改革をしようとした小沢豁郎《かつろう》、中国貿易に従事した白井新太郎であった。

賛同者は渡辺国武、榎本武揚、副島種臣、小村寿太郎、井上哲次郎、池辺三山、三宅雪嶺、高橋健三、そして陸羯南などであった。

この東邦協会の設立をいち早く報じたのは『日本』であった。『日本』関係者が大勢含まれていることからも、『日本』系の団体であったと言える。

東邦協会は創立一周年の時点で会員が七百人弱となり、毎日新聞が「保守分子の多数を占める」と評するにまで至った。

東邦協会の第一回総会は、明治二十四年七月に九段坂上の西洋料理店富士見軒にて開催された。副島種臣、後藤象二郎、近衛篤麿、大井憲太郎、高橋健三、小村寿太郎、中江兆民、志賀重昂、三宅雪嶺、陸羯南など総勢六十七人が集まった。その中には李鴻章の養子で清国全権公使の李経方や、朝鮮臨時公使李鶴圭の姿もあった。羯南が「東洋問題啓端の一画期」と評するほどの活気がそこにはあった。

明治二十五年には東邦協会はロシア語学校を設立し、校長には高橋健三が就いた。東邦協会はやがて他のアジア主義団体と合併し東亜同文会となる。最盛期の明治三十一年には一二〇〇名を超える会員がいたという。国粋主義とアジア主義は表裏一体だったのだ。

『東方策』を論じた稲垣満次郎

「壮絶快絶、四千万人中始めて男子の業あるを見る」

こう言って羯南がその議論を絶賛し、高く評価した人物がいた。東邦協会の幹事長として名を連ねていた人物の一人、稲垣満次郎である。

稲垣は長崎県平戸市出身。フィリピンに散った菅沼貞風の同郷の先輩で、菅沼とはともに学んだ仲であった。明治十五年、東京大学文学部に入学。その後イギリスのケンブリッジ大学に留学し、帰国後は外交官として活躍した。父勇衛は山鹿流の兵学者で、吉田松陰とも交流があった。稲垣は終生山鹿流兵学の祖である山鹿素行に対する敬慕の念を持ちつづけ、「武士道の原理を極め武士の手本を作り出した人物」と評価していた。羯南も津軽藩で山鹿素行の学問を学び、『山鹿語類』を愛読した人間であった。

稲垣の著作に『東方策』がある。稲垣もまた、西洋列強の植民地争いの中において、日本人が「われこそは日本人である」という自意識を持ちながら列強に対峙する必要性を説いた。

これまで見て来た国粋主義グループに共通する特徴を、稲垣もまた持っていた。「国内においては華族をはじめとする上流階級が率先して弱者救済に取り組み、国外に対してはナショナリズムとアジア防衛を旨とする」

これこそが稲垣の主張である。稲垣の主たる関心は北方であり、シベリア鉄道を経済利用し、アジアからシベリアに経済進出することを訴えていた。

羯南や日南をはじめとした国粋主義グループのアジア論は、西洋列強への植民地支配への憤りから発している。列強の顔色ばかりうかがう政府に反対し、アジアの保全を主張した。康有為や梁啓超ら清国改革派とも気脈を通じ、彼らを東亜会に入会させた。その後は革命派とも交流を持った。中国に改革や、革命を求めたうえで日本と協力し列強と対峙するのが羯南の志であった。しかし列強は日本よりはるかに武力が強く、単純に力で追い出すことは現実的ではなかった。また、西洋に代わって日本が植民地支配することは西洋と同様の愚を犯すことであり、彼らの望みではなかった。代案として彼らが考えたのが移民事業や経済進出であった。アジアとのネットワークを緊密にし、西洋列強の支配を徐々に押し返そうという大望が、そこにはあったのである。

『国際論』への強い思い入れ

「欧洲以外に真文化なく、白皙《はくせき》人種以外に真人種なし。故に欧洲の属地にあらず、白皙人の住所にあらざる国は彼等の視て劣等と為す所、劣等の国及人は彼等視て文明の妨害と為し、一日も其の破滅を速やかにせんと努むる所のものなり。彼等に対抗し、其の『劣等』といへる無礼的呼称を甘受せざるは我れの義務にあらずや。我れの保有する『国命』にあらずや」

欧州だけが文化で、白人だけが人間だ。それ以外の土地や人間は劣っているところだから征服してよいのだ。こんな身勝手な理屈は一日も早く粉砕しなくてはならない。欧米に貼られた「劣等」というレッテルを甘受しないのは、日本人の義務ではないか。使命ではないか。

羯南の魂の叫びである。羯南はこの主張を著作、『原政及国際論《げんせいおよびこくさいろん》』にて論じた。

「実ニ孔子が春秋を作りし位の精神ニテ起草　仕《つかまつり》候」

羯南は品川弥次郎にこう自負してみせた。

それほどに力を入れた著作、それが『原政及国際論』であった。この著作は『日本』で連載した「原政」と「国際論」という論説をまとめて一書にしたものである。「原政」が内政論で、「国際論」が外交論であった。羯南はのちに『国際論』のみで再度書籍化している。特に力点を置いていたのは『国際論』であった。

「松陰先生の外交論と差程《さほど》違ひは無之存候《これなくぞんじそうろう》」と吉田松陰の弟子であった品川弥次郎に送るほど「国際論」には深い思い入れがあったのである。

特にわたしが羯南に惹かれる契機となり、魂に響いたのはこの『国際論』であった。『国際論』には、明治人である陸羯南の怒りがつまっている。第一に、アジアを野蛮視し、次々と植民地支配していき、あまつさえそれを合法化した列強の傲慢さへの憤りである。第二に、当時の明治政府が鹿鳴館外交など欧米列強に媚びる政策ばかりすることへの憤りである。

羯南をはじめとする明治二十年代の国粋主義者たちは、当時の明治政府が鹿鳴館外交など欧米列強に媚びる政策ばかりすることに憤りを感じ、立ち上がった人々である。彼らは「欧米にペコペコしているやり口はけしからん！」と言いたかっただけではない。欧米の顔色をうかがう藩閥政府には日本の未来を決めることができないと感じたのである。

「今の日本には太公望のような戦略に通じた人が必要だ！」

そんな自負に似た感情が羯南の胸をよぎったかもしれない。

羯南は兵学を愛した人である。羯南の愛読書の一つが、兵法書『六韜三略《りくとうさんりゃく》』であった。『六韜三略』は太公望が周を建国した武王に教えた内容を記したと伝わる書である。古臭いと言われがちだが、兵学こそ必要な学問ではないだろうか。兵学の精神を忘れて、流行に飛びついて「文明開化だ」と言ってばかりいるから日本人はダメなんだ。そういう思いである。

兵学とは、戦闘の場面における効果的な攻め方守り方といった実務的内容だけではない。より広い視野で、「どう国家を運営することで他国からの侵略を防ぐか」といった側面が強かった。そうした「羯南流の兵学」と言える本が『国際論』である。

こうした『国際論』の議論は、ロシアの社会学者ジャック・ノヴィコフの議論を参考にしながら書いたものだ。あえて当時のヨーロッパでも無名だったノヴィコフの議論を援用したのは、羯南が『六韜三略』で培った教養と合致したからではないか。羯南の国際競争観はあくまでも兵学に由来していたのだ。

属国化の警鐘を鳴らす

まず、『国際論』は何を論じた本なのか、要旨を紹介しよう。

『国際論』とは、国家同士の侵略、被侵略がどのようにして起こるかを示した本である。羯南は世界史を力による侵略、非侵略の歴史と見なし、侵略がどのようにして行われるかを世界史の前例をもとに詳細に論じた。

「蓋《けだ》し国際競争は其の現象大別して二と為すを得べきなり。曰く狼呑《ろうどん》法、曰く蚕食《さんしょく》法」

羯南はまず、侵略の形を「狼呑」（領土侵略）と「蚕食」（属国化）に分類した。「狼呑」は、まず領土が取られ、次に経済的に依存させられ、最後には意識まで侵略国の住人となってしまうという。

一方、「蚕食」は、まず外国に対し憧れのような感情を持たせることから始まり、次に経済的に依存させ、最後には領土を奪うという。

羯南は、近年の侵略は領土まで欲する「狼呑」は少なくなっていると指摘している。しかし、だからといって侵略の危機がなくなったわけではない。

「領土侵略の危機が減る分、かえって属国化の危険性が高くなる」

羯南の筆致には、そういった危機感がみなぎっている。

つまり『国際論』は日本人が朝野こぞって欧米に憧れを抱くことそのものが、「蚕食」（属国化）の始まりであると警鐘を鳴らしたのである。

そのうえで、「蚕食」に対抗するためには、精神侵略から脱し、日本の国家的使命を一人ひとりが深く自覚しなくてはならないと強調した。

国と国との争いは決して軍事力や経済力だけで決まるものではない。もし軍事力や経済力、輸出入の増加、人口の増加などをもって国の発展だと言うならば、欧米列強の傘下に入ってしまえば日本の繁栄は成し遂げられるだろう。だが、それでいいのか。

国と国との争いとは、軍事力や経済力の競争ではなく、国民精神の競争なのだ。人に使命があるように、国にも使命がある。国の盛衰は国民全員が国の使命を理解するか否かに懸かっている。国と国との争いは、国民精神や国の使命をもとに考えないと属国化されてしまう。国民精神とは、「俺は日本人だ。日本を盛り立てていくんだ」という自負心のことであり、日本の使命とは、「欧米偏重の世界観を正し、植民地支配を止めさせること」である。

古今東西の歴史を鑑みれば、国の使命と言える思想がその国の元気を左右するのは議論の余地がないではないか。

日本には神武天皇が建国した際に、王道を主張した歴史があるではないか。日本の王道を世界に広め、世界のあるべき姿を明らかにすべきだ。具体的に言えば、日本文化を保持し世界文明の発展に寄与すること、国際法などの欧米偏重を正すことだ――。

これが羯南の主張である。

三宅雪嶺も「国家特有の精神を保存し、これを顕彰しこれを助長すべし」と主張し、国粋を「無形的の元気なり」と位置付けたように、羯南が『国際論』で羯南が大事にしたのは「国粋」ともいうべき国の元気だ。

国際論で重んじた「日本の使命」「国民精神の競争」

このように、『国際論』には羯南の怒りが込められていた。だが、そこには同時に哀しみも込められていたのである。

「憎き欧米列強から日本を守るためには、欧米に倣わなければならない……」

ここに羯南の屈折がある。

『国際論』の哀しみとは、それでも欧米列強にある程度倣わなければ国を保つことはできないという明治日本の哀しみである。

そんな羯南に浴びせられたのは、「鎖国論者」「頑迷固陋」……という罵声の数々だった。羯南はその生涯で何度「吾輩は攘夷論者に非ず」と言わなければならなかっただろう。

「鎖国もできん、攘夷もできん。すべきでもない」

羯南もまた日本が国際社会で生き残るために、西洋的国家システムへの参与を推進せざるを得なかった。羯南にもそのことは痛いほどよくわかっていた。

「欧米列強に倣わなければ国が保てるはずがない？　百も承知だ！」

羯南だってそう言いたかったであろう。だが、欧米に倣うだけでは、なぜ「日本」という国がこの世に存在しなければならないのかがわからなくなってしまう。国境が意味をなさなくなり、帝国主義が猛威を振るう弱肉強食の時代だからこそ、「日本が存在する意味」を問わなければならなかったのだ。

だから羯南は福沢諭吉のように「人心に至るまで完全に文明化すればいいんだ」と開き直るわけにはいかなかった。福沢諭吉は『文明論之概略』で世界を文明化の度合いに応じて「文明」「半開」「野蛮」の三層に見立てているが、羯南も世界を三層に見立てている。「トリビュ」（部族）、「エター」（政府）、「ナシイヨン」（君民一致の国家）の三層であり、それを分ける境界は、文明化の度合いではなく、国粋の強度即ち「国民精神の強さ」なのだ。羯南は西洋を国民精神の強い国であると見なすことで、「日本人も強い国民精神を持て！」と国民精神の発揚を称えた。

日本のルールを世界に認めさせるには、まず日本が西洋のルールに倣わなければならない。しかしそれは西洋のルールを改めさせるためにすることだ。それが日本の使命なのだ。そう見なすことで羯南は日本が国際社会にこぎ出でることを正当化せざるを得なかった。

それは西洋化しなければ生き残れなかった当時の日本の世相と、「日本固有の元気」を保持、顕彰していこうという国粋主義の理想がぶつかった挙句生まれてきた哀しく苦しい発想であった。

羯南は、『国際論』のあとがきで次のように語る。

「数十年の後、若し国際論が知言《ちげん》の誉《ほまれ》を得たらば、吾輩死して余栄《よえい》あるも国家の不幸之れに過ぎじ。之れに反して『国際論』唯だ妄言たるの嘲《あざけり》を受けんか、吾輩の不面目なりと雖ども国の大幸なり。吾輩は心窃《ひそか》に妄言の嘲を受くるに至らんことを祈り、此の『国際論』が知言の誉を得ざらんことを祈る。吾輩は私己の為め死して余栄あるを願はず。寧ろ国家の為めに死して遺憾なきを願ふこと甚だ切なり」

羯南は明治人として当時の人がもった屈折を抱えつつも、真に日本人が国際社会の現実に目覚めることを願っていた。

わたしは思う。このような羯南の意見を目の当たりにするたびに、つくづく考えさせられることがある。現代では経済成長に気を取られて国民精神をおざなりにした政策が採られることがある。市場原理主義がはびこり、ふるさとは荒廃し、共同体が破壊されようとしている。目先の株価や為替の動き、ＧＤＰの伸びに一喜一憂し、日本の果たすべき使命など全く忘れ去られている。

このような事態に痛憤を感じないのであれば、いっそ日本をアメリカの州の一つに加えるようにに要望してはどうか。そうすれば公用語は英語になりグローバルに活躍する人材も出て、日米間の関税も非関税障壁もなくなり、一層の経済発展が見込めるのではないか。それでもいいと思っている人たちと、わたしは口をきく気にもなれない。日本の独立を守るために精一杯生きた先人たちに申し訳が立たないと思う。

羯南の抱えた、欧米は頭にくるが、力の差があるために単純な攘夷はできないという哀しみを現代日本人は持っているだろうか。無邪気に「国際化の時代だ、グローバルの時代だ」とはしゃぎまわっているだけではないのか。

現代日本もまた、国境の壁を超えて活動するグローバルな時代である。だからこそ「日本」の存在意義が問われるのだ。今世界に語れる「日本の使命」とは何なのか。日本が世界に寄与できる価値とは何なのか。それが問われているように思えてならないのである。

国粋主義と武士道精神

明治34年
羯南（前列右）と近衛篤麿（その左）

武士の倫理にこだわる羯南

羯南は武士道を愛した人間だ。サムライの心で言論活動を行った。自己利益よりも道義に重きを置く、そんな姿勢を重んじた。

それは士農工商の最上位にいた武士という特権階級を復活させようということではない。むしろそうした特権からこぼれ落ちてもなお己の信じる道義に従う、さみしい浪人の心にこそある。赤穂浪士のそれであり、幕末の維新志士たちのそれである。

それは羯南とともに立ち上がった国粋主義グループの面々においても同じであった。

「日本士道の清華は百代を照らし、長く道義忠節の模範となすに足らん」

志賀重昂はこう力説し、三宅雪嶺は、

「士風の風尚《ふうしょう》美徳を薫養《くんよう》せしこと数百年、一旦事あれば、みな一身を擲《なげう》ちて公共のためにし、死を視ること真に帰るがごとくなりしなり。士風の国家に重んずべき所以、洵《まこと》に此の如き者あり。夫れ今代《こんだい》は商業の世なり、財利の世なり。商業固より重く之を視ざるべからず。然れども今日のわが邦に於ける、所謂商人根性を以て、大いに商業の世界に振《ふる》ふあらんとするは、至難といふべきのみ」

と嘆いた。

政教社、『日本』グループは、どの人物も妙に武士道を好んだ。羯南もまた、武士の倫理にこだわっていた。

羯南は『日本青年』という青年向けの雑誌に「士道と儒道」という論説を書き、青年に武士道を重んずべきことを訓示した。

「士道は日本固有のもので儒道より出でたるものではなく、また其根本に於て相違して居る様にも思はるる。儒道は形式に傾き形式に重きを置くが、士道は形式よりも精神を主とする様にも思はるる。山岡鉄舟は明治の初宮中奉仕の間、時々角力の御相手仰付けらるることもあつたが、鉄舟は遠慮なく勝負をして御覧に入れたと云ふ話がある。士道に此の如き例は珍らしくない。昔は武士は貧乏しても両刀と袴は必ず着けて居る。如何に貧すと雖も之を廃さない。気位品格を維持するは、士道の尤も注意する所である。青年会員諸君にして感を同じくする人々は、更に研究をなさんことを望む」

物質的あるいは金銭的な価値に対し精神的意義を説く際に顧みられたのが武士道であった。

「三田学派大《おおい》に町人主義を主張し、人間社会を見くびりて、銭の一方に推し片付けようと試みし以来、謬論稗説相踵《びゅうろんはいせつあいつ》ぎて起り、遂に亜米利加《アメリカ》的拝金宗を唱ふる者有るに至れり」

このように、明治二十三年の論説「士」では、羯南は激しい三田学派、つまり三田にある慶應義塾大学を作った福沢諭吉を批判しつつ、武士の存在の見直しを訴えた。社会は物質的側面と精神的側面の両面を見なければいけないが、維新後は福沢を代表格として物質面ばかり重んじ、精神面を軽んじてきた。それを矯正する任務を負うのは「社会の上流者」の役目だと主張した。

羯南は、かつての士族社会が自主独立の気風が盛んだったのは、彼らに世禄という恒産があったからだと論じた。

「弱肉強食、カネこそすべて、そんな世の中は腐っている！」

こうした状況を打破するためには、単に観念的に武士道を賛美するだけでなく、それを可能にした社会的状況の考察まで行わなければならないと考えていたのだ。

羯南によれば、現在の官僚は世禄がないゆえに、月給を失うことを心配せざるを得ず、官吏とは卑屈の代名詞という状況を生み出してしまったのであるという。

世禄とは土地などの財産のことである。月給ではなく、誰の意向にも左右されない財産を保持していたことが大きいと考えたのである。

羯南は、言論人として、社会全体のバランスを見て論じるタイプである。この武士論も決して士族階級の擁護だとか軍人からの要求に乗っかったものではない。時には軍人の政治介入を批判したり、軍縮を主張したりもした。あくまでその時の日本社会の問題は何で、それを克服するためには何が必要かということが羯南の関心事であった。

カネではない、進んで国家のために犠牲になれる浪人の心。そんな心を人々が得ていくためには、武士道を身につけることは不可欠に思えた。

武士道を喚起する手段として国粋主義グループがよく論じたのは忠臣蔵であった。国粋主義グループと忠臣蔵は縁が深い。

羯南にも、

高らかに　義士伝読むや　夜の雪

という俳句がある。

さらに忠臣蔵に思想的影響を与えたとされている江戸時代の兵学者である山鹿素行には羯南や同志の稲垣満次郎が傾倒していた。当時の国粋主義グループの思想を考えるに、武士道や忠臣蔵は避けては通れないのである。

浅野長勲と福本日南、忠臣蔵を復興

時代は大きく下って昭和十一年七月十三日のことである。「最後の殿様」とも言われた旧芸州広島藩の浅野長勲は泉岳寺にいた。廃藩置県以前の藩主の中でもっとも長命したために「最後の殿様」と言われたのである。長勲は、『日本』を支援した一人であった。この時長勲は九十五歳。ここで次のような和歌を詠み、ルーマニアの駐日公使も務めたバグレスコ少将に渡している。

後の世の　鑑《かがみ》なりけり　曇りなく　磨き鍛へし　武士《もののふ》の道

長勲は赤穂義士に日本人が手本とすべき武士道を見ていた。バグレスコ少将はこのことにいたく感動したのか、のちに『大和魂』という小説を著している。それは忠臣蔵をめぐる歴史小説で、日本語版の他に英語版、フランス語版も出版されたという。ただし日本語版は「浅野長勲」が「浅野長親」と誤記されている。

長勲は泉岳寺で武士の道を思ったわけであるが、ここでの武士の道とは「忠臣蔵」で有名な大石内蔵助《くらのすけ》ら赤穂四十七士の討入のことである。

元禄十四年三月、江戸城中で赤穂藩主の浅野内匠頭《たくみのかみ》が高家旗本の吉良上野介《こうずけのすけ》に斬りかかる刃傷沙汰が起きた。浅野は即日切腹とお家取りつぶしを申しつけられたが、吉良はお咎めなしであった。これに対して大石内蔵助ら赤穂浪士四十七人は亡君の仇討ちを誓い、翌元禄十五年十二月に吉良邸へ討ち入り、見事に吉良の首級をあげた――これが「忠臣蔵」の題材となった赤穂事件の概要である。

長勲は「浅野」の名字で想起されるとおり、浅野内匠頭の遠い親戚である。浅野内匠頭の赤穂藩は、芸州藩の支藩であった。浅野長勲の先祖である浅野長政の妻は、豊臣秀吉の妻おねと姉妹であり、大きな勢力を持っていたが、徳川時代には一小藩となった。浅野家は、何回かの国替えの後、広島藩を治めることになる。これが浅野本家である。分家が赤穂藩を治めており、ここから浅野長矩《ながのり》（内匠頭）が出ることとなる。

幕末、芸州広島藩は長勲とその先代である長訓の主導で急速に勤皇に傾いた。慶応三年には大政奉還の建白書を土佐藩、長州藩とともに幕府に提出。その後、王政復古の大号令で議定となり、小御所会議にも出席している。孝明天皇からのご信任も厚かったと言われる。

廃藩置県後はイタリア公使なども務めた。長勲はイタリアでは、統一の過程でイタリア国王を王位につけるべく戦った軍事指導者ガリバルディに関心を持ち、「まるで西郷隆盛のようだ」と思ったという。余談ながら、三宅雪嶺に「西郷隆盛とガリバルジー」という文章がある。ひょっとしたらこの時の浅野長勲の感想に着想を得たのかもしれない。

帰国後、長勲は谷干城、陸羯南らと会談して、出資者の一人として『日本』創刊を支えた。この『日本』に参加していたのが福本日南である。ここで福本日南と浅野長勲の繋がりが生まれたのである。そして日南こそ長勲とともに忠臣裏の復活に努めた人物であった。

明治期の忠臣蔵ブームの火付け役、福本日南

忠臣蔵は江戸時代においても、赤穂事件が起こった翌年から歌舞伎等の演目に取り入れられるほどの人気であった。しかし、実は江戸時代の歌舞伎や人形浄瑠璃等の演目では、幕府の弾圧を逃れるために室町時代の話であると偽装するなど、さまざまな潤色を加えざるを得なかった部分が多かった。「大石内蔵助」は「大星由良助」となるなど、登場人物の名前も変えられていた。

現代のような史実に近い形での物語となった忠臣蔵のブームは、実は明治時代から始まっている。そのブームを作った人物の一人が、福本日南である。日南は羯南の死後は地元の『九州日報』に行くことになる。『九州日報』は玄洋社系の新聞で、一時期古島一雄が主筆を務める

など『日本』関係者との縁も深い新聞である。この『九州日報』で日南が連載したのが、赤穂事件を取り上げた『元禄快挙録』であった。『元禄快挙録』は日露戦争後の武士道礼賛の空気に乗って大いに注目され、忠臣蔵が日本社会に根付くことになったのである。

『元禄快挙録』はその題からもうかがい知れるとおり、赤穂浪士が主君の仇を討つために立ち上がった行為を義挙とたたえるものである。

日南は『元禄快挙録』をこう書き出した。

「赤穂浪人四十七士が復讐の一挙は、日本武士道の花である」

一方で日南は義挙礼賛の信条を露わにしつつも、極めて冷静かつ正確に史実を記録し、伝えようとする立場を崩していない。俗論も多かった赤穂事件の実相を伝える書物として、現代でもその意義は薄れていない。日南は明治時代の文明開化の軽薄な風潮に対抗して、忠臣義士の物語を描き出したと推測されるが、それは露骨な形では前面に出されていない。

日南が魂を込めた『元禄快挙録』には見過ごせない大きな特徴がいくつかあった。

一つ目は、赤穂浪士の決起に際し、山鹿素行の思想的影響を重視している点だ。実際大石内蔵助は山鹿の門弟だったわけだが、山鹿とのかかわりや山鹿自身の思想の紹介に多くの頁を割き、武士道を強調した。羯南もまた、大石内蔵助に影響を与えた山鹿素行を愛読していたことで知られている。

二つ目は吉良上野介を守るために戦って戦死した家来に対しても称賛を惜しんでいないということだ。「吉良家名誉の士とも言うべきである」と短いながらも最大級の賛辞を送っている。一方で吉良上野介を見捨てて逃げた人間への評価は辛辣で、「卑怯を極めた」と罵っている。

国粋主義の日本文化への貢献

日南の『元禄快挙録』によって、忠臣蔵は一大ムーブメントとなった。日南が明治四十一年に興した義士会は、明治四十五年には「中央義士会」となる。その初代総裁となったのが、浅野長勲であった。

日南の『元禄快挙録』は忠臣蔵を掘り起こすことになったわけだが、明治時代の国粋主義者たちがこうした歴史や日本文化の掘り起こしに大きく貢献した例は多い。

富士山を「日本の山」と称えた志賀重昂、日本美術の岡倉天心などが有名どころである。福本日南の「忠臣蔵」もその一つとして数えることができる。いわば「日本とは何か」というイメージを生み出していくことで、人々に日本人であることを意識してもらおうとしたのだ。

国家は「想像の共同体」であるという議論がある。だが国家を標準語やマスコミ、あるいはこうしたイメージの力で無から生み出されたものであるかのように見なすのは誤りだ。特に日本のような歴史の長い国家の場合はそうである。国家はある日突然人工的に製造されたものではない。前近代の大きな遺産と準備過程を経て成立したものである。

そこに西洋近代の影響は否定できないだろう。だが同時に日本の伝統を踏まえ、移行していくことにこだわったのもまた明治時代の特徴であった。西洋近代に倣わなければ生き残っていけなかった時代にあって、いかに日本の伝統を残しながら生き残っていくか暗中模索した時代でもあった。

わたしは思う。武士道は江戸時代以上に明治時代に必要とされた。政府関係者ばかりでなく、むしろ在野の人間がより一層高らかに武士道を主張した。外国にも卑屈、財閥と癒着、倫理は崩壊しかかっている。そんな時に日本人の琴線に響く道徳として、武士道が必要とされたのであろう。

明治維新により、過去の政治体制が崩壊した時、いかなる政治倫理をもって政治および経済を位置付けるか、明治期にはそれが問われていた。特に、羯南たちのように「日本」を見直そうという国粋主義者にとって、その問いは重たくのしかかっていたのだ。政治体制はすでに変革され、政治倫理も今までと同じではいられない。だがそれは西洋から流入してくる近代政治思想を無条件に受け入れればよいというものではなかった。日本流の「答え」を必要としたのである。その際に核となった魂は、サムライの心であった。

それは「富国強兵、殖産興業」ばかりをスローガンとしていた藩閥政府と深刻に対立する要素を持っていたのだ。

羯南の自由主義論

明治 37 年　晩年の羯南

丸山眞男、敗戦後、陸羯南を論じる

羯南の死後約四十年を経た昭和二十年八月十五日、日本は戦争に敗れた。それまで大日本帝国が築き上げてきた営為は、ことごとく否定された。戦後の混乱により物資は不足し、ヤミ市が出る事態となった。

そんな中で、一人の政治学者が、これから日本人はどうすべきかを考え、発言を始めていた。その政治学者の名こそ、丸山眞男である。

丸山が新時代のナショナリズムを考えるうえで顧みたのが、陸羯南であった。

丸山眞男は、大正三年にジャーナリストである丸山侃堂《かんどう》（幹治）の次男として、大阪に生まれた。丸山眞男は、父の『日本』時代の同僚であり友人であった長谷川如是閑らの影響を受け、大正デモクラシーの潮流のなかで思想形成を行う。一高、東京帝国大学を経て助手となる。ヨーロッパ政治思想史を専攻したいと志望していたが、丸山が師事していた東京帝国大学教授である南原繁のすすめで日本政治思想史の専攻となった。父と同じジャーナリスト志望でもあったという。

そんな丸山は昭和二十二年二月、「陸羯南」という小文を『中央公論』に発表した。すでにその前年、「超国家主義の論理と心理」を『世界』に掲載し、注目を集めていた。現在では丸山は「進歩的文化人」の代表格のように言われている。だが、丸山論文の特徴は、当時多く論じられていたマルクス主義の理屈を鵜呑みにせず、丸山自身の言葉で語ったことにある。「超国家主義の論理と心理」の特徴は、ヒトラーのような独裁者を持たずに「何となく何物かに押されつつ、ずるずると国を挙げて戦争の渦中に突入した」ことにあると指摘した。

丸山は良きにつけ悪しきにつけ「日本的特徴」を考察し、論じつづけた人物である。丸山は「陸羯南」の論文では、戦前の「日本型ファシズム」とは全く違った、「進歩性と健康性をもった」ナショナリズムが、羯南の頃にはあったというのである。

日本新聞社員だった丸山侃堂

丸山眞男が「陸羯南」を書く頃には、明治四十年の羯南の死から約四十年を経ており、羯南は「忘れられた偉人」といった存在であった。「陸羯南」という表題で、「中国思想の研究でも始めたのか」と誤解されたなどという笑い話もあるくらいだ。にもかかわらず、なぜ丸山眞男は羯南について書こうと思ったのであろうか。

丸山侃堂は、羯南の『日本』の社員であった。丸山眞男に羯南を読むよう勧めたのも、父侃堂であった。

丸山は、「親父は羯南の弟子ですから、『羯南は大したものだ。羯南は決して自由主義を全面否定していない』と言っていました」と回想している。

丸山はつづけて羯南を以下のように評価する。

「羯南はナショナリズムの立場から自由主義を強く肯定しながら、その限界を指摘している。羯南は時流よりもっと成熟した自由主義批判だ」

昭和四十四年から昭和六十年にかけて『陸羯南全集』が刊行されたが、それは丸山の強い推薦があったからこそ実現したものだという。

陸羯南の自由主義論

侃堂の自由主義論を理解するためには羯南の自由主義論を理解しなければならない。少々哲学的な議論がつづくが羯南の自由主義論を見ていこう。

羯南の代表的な論説の一つに「自由主義如何」がある。

羯南は「自由主義如何」で以下のように書いている。

「日本に於ける自由主義は吾輩其の起原を探ぐるに難《かた》からず。明治維新の大改革は啻《ただ》に封建制の敗壊のみならず、又た啻に王権制の回復のみならず、此の改革は実に日本人民をして擅圧《せんあつ》制の内より脱して自由制の下に移らしめたり。即ち維新の改革は日本に於ける自由主義の発生と云ふも不可あらず」

明治維新の意義は、日本に自由主義を生み出したところにある。それでは、なぜそう言えるのか。

「然らば自由主義は福沢先生の『西洋事情』より出でたるにもあらず。中村先生の『自由之理』より来れるにもあらず。当時洋学者の機関たる『明六雑誌』によりて現れたるにもあらず。征韓論を名として袂を払いたる民選議院の建白者によりて生出したるにもあらず。此等の事実は自由主義の誘導者たりしに相違なしと雖ども、日本の自由主義は維新の改革に先《さきだ》ち早く既に日本有識者の脳裏に感染したるや明《あきらか》なり」

日本の自由主義は福沢諭吉が著した『西洋事情』や中村正直が翻訳したジョン・スチュアート・ミルの『自由論』、福沢や中村も加わった『明六雑誌』、あるいは明治六年の政変で下野した板垣退助らが提出した民選議院建白書から生まれ出たものではない。それは幕末、明治維新を興そうとした時点で、すでに広がっていたのだ。

「嗚呼自由主義、汝は日本魂の再振と共に日本帝国に発生せしにあらざる歟。日本の有識者は欧米人の来航に当り、早くも既に日本国の独立及び振興を策したり。日本の愛国心即ち日本魂は大八洲の威武名誉を海外に輝かさんと欲し、其の籌策《ちゅうさく》を探りて終《つい》に最も剴切《がいせつ》且つ公平なる良謀を発見し得たり。国家権力の統一と個人智能の発達とは、日本の独立に已むべからざるの大政義なりし。日本魂《やまとだましい》を有するの識者は皆な之を認めて維新の大改革を成就せしめ、而して自由主義は日本に発動を始めたり」

羯南は日本の自由主義の誕生を、福沢諭吉の『西洋事情』や中村正直の『自由之理』といった、文明開化の輸入学問に求めなかった。羯南は自由主義の精神を「日本人が日本の針路を自分たちで決めよう」と考える精神に置いた。だからこそ維新志士の行動こそが自由主義の始まりだと言うのだ。

これは吉田松陰に通じるものがある。松陰は佐久間象山の甥に書簡でこう語っている。

「独立不羈《ふき》三千年来の大日本、一朝人の羈縛《きばく》を受くること、血性ある者視るに忍ぶべけんや。那波列翁《ナポレオン》を起してフレーヘード（自由）を唱へねば腹悶《ふくもん》医し難し」

独立不羈三千年来の大日本が、外国に拘束されるのを、心ある人間が見るに堪えられるのか。

ナポレオンのように立ち上がり自由を唱えなければ腹だたしい気持ちを癒すことはできないではないかというのである。

すでに述べたように、羯南には松陰の弟子品川弥次郎との関係があった。羯南が品川からこの吉田松陰の書簡について教えられていたかどうかはわからないが、『国際論』でも「松陰先生の外交論と差程違ひは無之存候」と書き送っていたように、品川を通じて松陰の思想が羯南に伝わったことも考えられる。

このように、羯南は日本的愛国的自由主義ともいうべき考えを高らかに宣言した。しかし、その一方で羯南は明治維新後、自由主義がはびこることで格差が開き、拝金主義的な堕落が起こったことをつぶさに見ていた。したがって羯南は簡単に自らを「自由主義者」に任ずることはなかった。羯南の自由主義批判はもっぱら経済的観点に置かれている。

「自由は平等と兄弟の関係あり。然れども時ありてか互《たがい》に仇敵の地に立つことあり。然れども自由主義の独り通行せし迹《あと》を見よ。富む者は其富殆んど帝王を凌《しの》ぎ、貧しき者は其の貧或《あるい》は乞食に過ぎ、貴き者は独り利福を得て賤しき者は皆な勢力なし。嗚呼自由主義、汝は自由競争と云へるものを奨励し、国家の権威をして只《た》だ公安保護と云へる消極的動作に止まらしめんと欲する歟。一歩と雖ども此の権威をして干渉の地に履入《ふみい》らしめざるの意を有する歟」

自由と平等とは兄弟の関係にあるが、時に対立する。自由主義が野放しになれば、富める者はますます富み、貧しい者はますます貧しくなる。自由主義よ、お前は競争原理を追求するため、国家の介入をみじんも望まないのだろうか。

「国家権威の本色は或る点にて平等の原則を挟むものなり、或る点に於て平民主義《デモクラチズム》の味方なり、又た社会主義《ソシヤリズム》の味方なり、而して或る点に於ては富人専横を抑制するの任務を有す。此の場合に至りては平等の味方にして自由の敵なり。自由主義の単行は其の結果として忽ち社会に新階級を生じ、新貴族を生じ、新特権を種々の姿にて生ぜしむ。嗚呼自由主義、此の主義果して斯の如くならば吾輩は敢て其の味方たることを辞せんのみ」

国家には平等の原則が入り込んでおり、場合によっては富める者を抑制する任務がある。その場合に国家は平等の味方で、自由の敵になる。自由主義が貧富の格差を広げるだけのものならば、自分は自由主義の味方をするわけにはいかないのだ。

では羯南は「自由主義」に対してどういう態度なのか。羯南は以下のように言う。

「吾輩は単に自由主義を奉ずる者にあらず、即ち自由主義は吾輩の単一なる神にあらざるなり。吾輩は或る点に付きて自由主義を取るものなり。故に吾輩は自由主義固より之に味方すべし。然れども吾輩の眼中には干渉主義もあり、保守主義もあり、又た進歩主義もあり、又た平民主義もあり、貴族主義もあり、各々其の適当の点に据置きて吾輩は社交及び政治の問題を截断すべし」

自分は自由主義の信奉者ではなく、必要に応じて自由主義を採用するだけだ。したがって、必要とあれば自由主義だろうが干渉主義だろうが、進歩主義だろうが保守主義だろうが、平民主義だろうが貴族主義だろうが、それぞれ必要に応じて採用して政治・社会の問題の解決に用いるだけなのだという。

これは恐ろしいほどの楽観であるようにも思える。要するにそれが日本人にとって有用であるならば、干渉でも自由でも何でもよいと言っているのだ。だが、大陸文明や西洋文明は、日本が望んで受け入れたわけではない。当時の情勢から受け入れざるを得なかったにすぎない。それを自覚してもなお、海外の文明を「日本化」して受け入れたのだと主張することが、本当に楽観的な発想から生まれるのであろうか。むしろこの恐ろしいまでの楽観は、猫の手も借りなければ日本は到底独立を維持できないという悲観の中から生まれたものとも言える。

「祖国の興隆に役に立つならどんな思想だって共存して唱える」という態度は無節操とは異なる。「良い」と評価する人間（＝羯南）がおり、その評価軸を「祖国の興隆」に置いていることを明言しているからである。

わたしは思う。現代の日本では、「新自由主義」がはびこっている。貧富の格差の拡大を当然のことと見なし、貧しきものへの社会保障の切り捨てが行われている。一方で政治的にはあきらめに似た無関心が広がり、国民には自らの国の進路を自分たちで決めるんだという気概は薄い。投票率も低調なままである。こうした現代の新自由主義の状況は、羯南の自由主義と程遠い。現代日本人は、羯南の描いた「自由主義」の理想を改めて顧みるべきであろう。

丸山侃堂の自由主義論

このような羯南の自由主義論を継承した人物こそ、侃堂であった。

丸山侃堂は明治十三年に長野県の農家に生まれた。東京専門学校（現早稲田大学）に進学。在学中から『日本』に寄稿する。卒業後、日本新聞社に入社するべく羯南を訪ねた。その時羯南は床柱の前に座布団を布き羽織袴で座っていたという。羯南が侃堂を一瞥すると、侃堂はそれだけで羯南の威厳に打たれ、ろくに挨拶もできなかった。緊張からか、その時は何を話したか忘れたが、羯南の「ギラギラ光った眼」は何年経っても忘れられぬ印象を持ったという。

こうして侃堂は日本新聞社に採用され、明治三十二年に見習として校正を受け持つことになった。だが、社説の誤植を見落としてしまった。すると、「以後出社に及ばず」という通知が侃堂のもとに届き、あっという間にクビになってしまった。しかしその後、明治三十七年に日露戦争の時の従軍記者として『日本』に復帰する。乃木将軍の第三軍を担当した。

侃堂は、羯南が病気になって『日本』を手放した際に日本新聞社を出て、『京城日報』を経て『大阪朝日新聞』に行くことになった。『大阪朝日新聞』は羯南の太政官官報局時代の元上司でともに官を辞めた同志でもある高橋健三が所属していた新聞社で、『日本』関係者になじみの深い新聞であった。元『日本』社員が多く所属する新聞でもある。

侃堂は言う。

「皇室中心主義を根本とせぬ如何なる革新思想も、日本の土壌には育たないのだ。同時に皇室中心主義は如何なる進歩運動とも結合一致する。否、その核心となる」

「日本国民に源平藤橘《げんぺいとうきつ》の争ひはあったが、国体を危うくする賊は、二千五百九十五年間、極めて稀であった。ひとしく陛下の赤子として、互いに寛容の心をもって、誤れるは正し、迷えるはみちびき、共に君国につくさんとすることこそ、国体の神髄を体得するものではあるまいか」

こうした発想は羯南とそっくりである。

白虹事件

大正七年、日本言論史に残る大事件が倪堂の所属していた『大阪朝日新聞』を直撃する。白虹《はっこう》事件である。

当時、『大阪朝日新聞』は大正デモクラシーの風潮を背景に、長州閥の寺内正毅内閣を厳しく批判していた。特にシベリア出兵やそれに伴って起きた米騒動を大きく報じ、政府批判の論陣を張っていた。その中心人物は、鳥居素川、長谷川如是閑、丸山倪堂といった旧『日本』系の記者であった。いずれも、かつて新聞『日本』で健筆を揮った面々だ。

騒動となったのは、同年八月二十六日付夕刊の記事である。記事の一節に、

「金甌無欠《きんおうむけつ》の誇りを持つた我大日本帝国は今や恐ろしい最後の裁判の日に近づいてゐるのではなからうか、『白虹日を貫けり』と昔の人が呟いた不吉な兆が黙々として肉叉《フォーク》を動かしてゐる人々の頭に電のやうに閃く」

と書いたのだ。文中の「白虹日を貫けり」とは、始皇帝暗殺未遂事件が起きた際の自然現象のことである。すなわち『大阪朝日新聞』は、米騒動を巡る不穏な空気を、始皇帝暗殺未遂事件が起こった際の風潮に例えたのである。

これに政府は敏感に反応した。ただちに大阪府警察部新聞検閲係は、「安寧秩序を紊《びん》す」として裁判にかけた。当時、世論の激しい批判にさらされていた寺内内閣が弾圧の機会をうかがっていたとも指摘されている。『大阪朝日新聞』も「不吉な兆候が窺える」と警鐘調で書いていたのであり、これは明らかに過剰反応であろう。

九月二十五日、大阪区裁で第一回公判が開かれた。寺内内閣自体は同月二十九日に米騒動からなる混乱の責任を取る形で総辞職したが、その後も当局による弾圧は止むことはなかった。『大阪朝日新聞』は判決を待つことなく屈した形となった。関西で『大阪朝日新聞』の不買運動が起こった他、憤慨した右翼団体の黒龍会や浪人会の人間が『大阪朝日新聞』の村山龍平社長を襲撃し、村山を全裸にしたうえ電柱に縛りつけ、首に「国賊村山龍平」と書いた札をぶら下げる騒ぎまで発生した。十月十五日、村山社長が辞職。鳥居素川、長谷川如是閑、丸山侃堂らも次々と退職に追い込まれた。十一月十五日に「朝日新聞綱領」を発表。さらに十二月一日付で本領声明を掲げて政府に恭順する意を示した。これにより『大阪朝日新聞』は、発行禁止処分を免れ、軽い処分で済むことになった。

「本領声明」で打ち出した方針こそ、「不偏不党」である。「不偏不党」という言葉には、「近年の論説は穏健を欠き反政府に偏っていた。今後はそういう方針を改める」という政府への屈従的敗北宣言の意味が込められている。現在の大手メディアがこぞって「不偏不党」を掲げるのは、反骨の牙を抜かれてしまった証とも言える。

最近の研究では、事件の背景には、旧『日本』系の鳥居素川派と生え抜きの西村天囚派の大阪朝日新聞社内での主導権争いもあったとされる。政府要人の後藤新平が右翼系の『新時代』誌に朝日攻撃のキャンペーンを張らせていたが、それには西村派も一枚かんでいたともいわれている。

残念ながら丸山侃堂や長谷川如是閑はこの白虹事件については、後年の回想でも口をつぐんでいる。したがって彼らがどのように考えていたかは類推していくよりない。

「厄介者扱いにし、邪魔者扱いにしても、自由は滅びない。それは真に国家を思うもののなすべきところではない。殊に言論に対する社会的圧迫のごときは挙国一致のために最もふさわしくない」

「自由主義は、左右両翼の思想的衝突に対する中立地帯であるかのようなインテリ的弱さ、卑屈さはないのだ。かくの如き引込思案、無抵抗の態度こそ自由主義を萎縮させた原因である。自由主義は不法に対する闘争である」

これらは他の件に関する侃堂の発言であるが、白虹事件についても同様の意見を持っていただろう。

『日本』グループの分裂とロシア革命

このように、白虹事件で弾圧されたのは『日本』関係者が多かった。だが、『大阪朝日新聞』を糾弾する側に回った黒龍会、浪人会にも『日本』関係者は多かった。浪人会に携わっていたのは、元『日本』編集長の古島一雄である。丸山眞男は「後年この日本主義陣営から右翼的反動と自由主義と社会主義の三方向がそれぞれ育っていった」と書いている。羯南においては自然とひとりの人格に同居していた思想が、『日本』の後継者においては各陣営に分裂してしまったのである。それは白虹事件の前年にあったロシア革命の影響も大きい。

『大阪朝日新聞』を襲撃した黒龍会や浪人会も政府にべったりだったわけではない。『大阪朝日新聞』は大山郁夫、河上肇、櫛田民蔵といった社会主義者を積極的に起用していた。そうした論調への不満が右翼系の人士にはあったのである。

羯南から厳しい政府批判の姿勢を学んだものと、熱烈な国家主義を学んだもの。藩閥政府に危機感を持つか、共産主義革命に危機感を持つか、まるで冷戦時代のように二極化してしまったことは残念でならない。

現代もまた、『日本』新聞と陸羯南とを切に求めている

丸山眞男の「陸羯南」もまた、こうした冷戦的二極化から逃れられていない。丸山は羯南のナショナリズムにも満足せず、近代国家の国民観念について、欧州の知識人の書物の中にしかない世界観をもとに注文をつけたのだ。

例えば丸山眞男論文では羯南の「歴史的制約」に言及している。羯南の「国民」観念は「君民合同」であり、民衆、貴族もしくは富者も貧者も一体となったものであるが、元来西洋では「国民」観念は漫然と国家所属員をさすのではなく、君主・貴族・僧侶を含まない第三身分のことだと丸山は指摘している。丸山が西洋の国民観念と違うことをもって羯南の思想を「歴史的制約」としているのは西洋偏重な考えに思える。羯南があえて「日本国民が一丸となって欧米列強の植民地化に対抗しなければならない」と考えた末に生み出した国民観念を、丸山は階級闘争の道具にしてしまった。

このような不満はあるが、丸山が小文とはいえ羯南を取り上げたことは有意義であった。最

後の一節は感動的である。

「五十七年前の『日本』新聞を開くと、右上隅の日本という題字のバックに日本地図の輪郭が書かれているのが目にとまる。その地図には本州、四国、九州、北海道が載せられているだけだ。日本はいまちょうどこの時代から出直そうとしている。そうして現代もまた、まさに新しき『日本』新聞と陸羯南とを切に求めているのではなかろうか」

まさに冷戦的二極化を超えて、日本のために考え、発言し、時に権力との対決もいとわない陸羯南が、現代社会に求められているのである。

コラム④　陸姓の由来

羯南は中田家を出る時に、親戚の陸治五兵衛の家を継いだと称し、「陸」の苗字を名乗った。だが、娘婿で京都大学教授の鈴木虎雄によれば、そんな親戚はいなかったという。なぜ数ある苗字の中から「陸」を選んだのだろうか。

羯南は漢詩を好んだから、中国の漢詩人、陸宣公（陸贄《りくし》）や陸放翁（陸游《りくゆう》）に倣った、あるいは中田家は茶道師範だったから、茶道の元祖とも言われる陸羽《りくう》に倣った、あるいは愛国者として大久保利通を刺殺した紀尾井坂事件の斬奸状の起草者、金沢藩士陸義猶《くがよしなお》（九皐《きゅうこう》）を意識したなど、諸説ある。いずれの人物も羯南の生涯とシンクロする人物である。

陸宣公は唐中期の官僚で徳宗に仕え、朱泚《しゅせい》が反乱を起こすと荘重謹厳な詔勅の草案を作り兵士を奮い立たせた。のちに讒言《ざんげん》に遭い流罪となった。

陸游は南宋の時代の愛国詩人。満洲族の国家である金に対抗するよう主戦論を展開した。

陸羽は唐の時代の文筆家で茶に関する知識をまとめた『茶経』で知られる。岡倉天心は『茶の本』で陸羽を「茶道の鼻祖」と呼んでいる。

陸義猶は幕末に金沢藩を脱藩して西郷隆盛らと深く交わる。佐賀の乱の首謀者である江藤新平の処分に反対し建白書を出したが無視された。それにより大久保利通暗殺の斬奸状を起草した。

「陸」の名字の由来がこのどの人物だったとしても、羯南の義憤の生きざまと無縁ではない。「陸」の名字は己の意地を示すものだったのである。

羯南の死

羯南の墓（東京・染井霊園）

カネに翻弄される羯南

「カネが欲しいよ」

羯南は池辺三山にこう嘆いたことがあった。

もちろん、遊ぶカネ欲しさ、私腹を肥やすカネ欲しさではない。羯南の命とも言うべき『日本』の継続が、資金不足により風前の灯にさらされていたのである。

三山は羯南に同情し、「なんとかできる工夫はないものか」としみじみ思ったという。

羯南はあえて利益に恬淡とし、正論を述べることを重んじてきた。ひとたび利益を得ようと目論んでしまうと、肝心の言論が歪んでしまう。それを恐れたのである。ただ、世相は厳しく、羯南の言論の場である『日本』の存立すらも危うくなってきた。

カネを得るためでない言論を志し、それを維持発展することに全力を尽くしてきた羯南をして、ここまで言わせる世知辛さである。

谷干城、『日本』を批判

時は明治三十五年から三十六年頃の話である。翌明治三十七年には日露戦争の開戦を控え、国内は対露強硬論が飛び交う緊迫した情勢下にあった。そんな中、一人の男が羯南の『日本』を批判している。

「日本新聞の如きは最初より平和主義を取り軍備大拡張等に反対なりしも、ほとんど対露硬派の機関の如き者をなすに至れり」

この人物こそ、『日本』創刊時から羯南の盟友であり支援者でもあった谷干城である。なぜ干城は『日本』を批判するようなことを述べたのであろうか。

明治三十年代前半、干城は羯南とともに「支那保全」を主張していた。日清戦争の敗北で弱体化した中国を欧米列強が分割し、植民地支配しようとすることに抵抗する論陣を張っていたのである。だが、一体だったはずの干城と羯南、近衛篤麿は歴史の荒波にもまれる中で少しずつすれ違っていく。

「支那保全」から「対露強硬」へ

時計は少しさかのぼる。明治三十三年に清国で義和団事件が発生した。義和団を名乗る集団が「扶清滅洋」をスローガンに反欧米運動を興し、北京にある各国の領事館を包囲する事態にまで運動が広がったのである。すると清朝を事実上支配していた西太后はこの動きに乗じて反政府運動だったはずの義和団を支持し、各国に宣戦布告する事態にまで至った。この義和団事件は日本とロシアを主力とした列強軍によって鎮圧される。清国は賠償金の支払いと、外国軍隊の駐屯を認めさせられた。

特に強く中国進出を行ったのがロシアであった。こうした事態に日本ではロシア脅威論が巻き起こった。干城や羯南らなどのアジア主義者もその例外ではなかった。明治三十一年には数あるアジア主義団体が結集し東亜同文会を結成している。会長は篤麿、幹事長は羯南、主要な会員の一人が干城である。アジア主義者の結集は中国情勢の変転とともに進んだのだ。この時は篤麿、干城、羯南の三者の関係は蜜月であった。

だがこの関係は長くはつづかなかった。満洲への進出をつづけるロシアに対し、篤麿は強硬論を主張。

「ロシアの満洲進出を容認しては清国や韓国の独立は危うい。ひいては日本の独立も危機に陥る」

一方干城や羯南は篤麿ほどの激しい意見は取らず慎重論者であった。ロシアと日本では国力差があり、単純な武力衝突は日本が不利だと見ていたのである。だが、干城や羯南は列強の中国分割を止められる手立てもなく、篤麿に引きずられる形でずるずると対露強硬論に転換していった。明治三十三年に篤麿は国民同盟会を結成。対露強硬論はより激しくなった。

近衛篤麿の野心

篤麿は旧五摂家の一つである近衛家の当主であることからもわかるとおり、当時貴族院議長を務める政界のプリンスである。それと同時に薩長藩閥ではないという出自から、反藩閥勢力が担ぎ上げる「次の総理大臣」の代表格でもあった。もとより羯南も例外ではなく、篤麿に期待している人物の一人であった。

篤麿は「華族は『皇室の藩屏』として資産や名誉等の優遇を受けているのだから、皇室や社会に対して公共の事業を助けることで気概や品位を維持していかなければならない」と考えていた。その点で羯南が目指す華族観と一致する人物であった。

羯南は篤麿に接近し、ブレーンの一人に近い役割を担っていくことになる。ある日羯南は、「近衛公には政治で大いに活躍してもらいたいが、適当な参謀がいない。誰かいないだろうか」

と悩んでいた。そこで杉浦重剛が、

「そりゃあ簡単なことさ。ここにいるじゃないか」

と佐々木高美を指さした。高美は佐々木高行の息子であった。羯南はそれを聞いて喜色満面になりハタと手を打ち、

「なるほどこれはもっともだ。またとない適材だ。そこに気付かなかったのは羯南一代の不覚、謹んで兜を脱ぎます」

と言ったという。

羯南は政治参謀を紹介するなど、篤麿がもっとも信頼するブレーンとなっていった。

だがそうした蜜月関係は長くはつづかなかった。篤麿やその取り巻きは、篤麿のかかわる団体を「近衛政党」状態と化すようになってきた。こうした状況に、干城や羯南は篤麿への共感を維持しつつも、自身の政党化を進める篤麿に次第に懸念を表明するようになっていった。

この頃の政治勢力は大きく三つに分けられる。

一つが伊藤博文を中心とする勢力である。伊藤は明治三十三年に立憲政友会を結成。自身の勢力を政党化していた。

もう一つは山縣有朋系の官僚、軍人グループである。

そして最後の一つが篤麿の反藩閥勢力である。

対露問題で言えば、山縣系と篤麿系が日英同盟を模索しながら対露強硬論に立ち、伊藤系は対露融和を主張していた。干城や羯南はこの三者では当然篤麿系に共感を持っていたが、無批判に支持する篤麿応援団になることには抵抗があった。

羯南は自身の新聞論を「独立新聞」と称していた。これは政府や政党の意向に左右される「機関新聞」にならず、さりとて営利を追い求める「営業新聞」とも異なる、国のために公論を述べる新聞であるという意味だ。これは羯南の新聞記者としての自負によるものだが、とはいえ新聞を発行する費用は干城や篤麿などの有力者との同志的関係に依存していた。その分支援者の意向に苦労する側面はあった。

また、先ほども述べたとおり「支那保全」の志は共有していたが対露への強硬論には温度差があった。国民同盟会が解散して対露同志会に変貌すると、対露強硬論は一層加熱した。干城は軍拡絶対反対の信条から、徐々に篤麿と距離を取るようになっていった。

「わが地形は守るのに便利だが大陸進出には不便である」

こう主張する干城はむしろ対露融和論を唱えるようになっていった。干城には日本の対露強硬論が中国侵略論につながりかねないという懸念があったのである。軍拡で軍事費がかさみ国民の負担が増えることも憂慮していた。一方で年来の主張である「支那保全」をいかに達成するかについては実効性が乏しくなっていった。

篤麿に接近せざるを得ない羯南

だが羯南は干城ほどわかりやすい動きは取れなかった。日本新聞社の経営が徐々に苦しくなっていたからである。

日本新聞社の資金繰りの悪化から干城の娘の嫁入り資金までも借り受けてしまった羯南である。これ以上干城に新聞運営資金を求めることはできないと判断したのだろう。羯南は篤麿に資金源を求めるようになっていった。

明治三十五年、羯南は篤麿から資金を借り受け干城への借金を返済。これを機に創刊以来の支援者であった干城は『日本』と疎遠になった。篤麿との関係から、羯南は一層対露強硬論に引きずられざるを得なくなっていたのである。本章冒頭に掲げた干城の『日本』批判はこうした状況を踏まえてのものである。

ただ、羯南も篤麿に無批判でいたわけではない。この時期、羯南は東亜同文会で「『東亜のことは東亜で決め、各国の力を借りず各国の干渉も受けない』という考えは、清国や朝鮮と同盟することが不可能な現状では、ホンの理想にすぎない」と講演したが、これは篤麿のことを念頭に置いた苦言であろう。

羯南は東邦協会の設立趣意書で謳ったように、「アジア各国が自立しなくてはならない」という理想を持っていたが、現状ではそれを実現する道は遠く、時代が下るごとに「当面欧米列強どうしがアジアの勢力圏をめぐって牽制し合うことでアジアの現状を維持するよりない」というやや悲観的な見解になっていた。

羯南と干城の関係が清算された背景には対露関係の意見の違いがあった。羯南のアジア、対露関係に関する言説は日露の対立が深まるとともに二転三転しつつ、日露関係が緊迫するにしたがって対露強硬論に転換していく。すでに述べたように、羯南は「アジアを欧米列強の植民地支配から守る」という理想はぶれなかったものの、現実的には欧米列強とは軍事力等で大きな差があり、力では対抗できないと見ていた。とはいえ他に有効な策も見出しがたく、さらにそれに加えて『日本』支援者の思惑まで絡み、複雑な状況であった。

とはいえ年来の主張であった「支那保全」を達成するには、日露の対立は不可避であった。

田中正造も篤麿と干城をこう評した。

「(篤麿と干城は)対露の処見各異なりたりと承る。さりながらこの二者ハ共ニ誠実誠意のみ。たとひ外形の議論異なるも帰ハ一ツノミ。今やこの類の人少なし」

だからこそこの両者が分裂してしまったことはつらかった。そしてその両者の間にあって引き裂かれるような存在こそが羯南なのである。

「兵ハ精なれども国民ハ腐敗たり。一般の人民を云ふニあらず、腐れたりとは政治海(界)の官民一般を云ふのみ。精神ハ夙《つと》ニ亡びたるなり」

田中正造のこの頃の時代認識である。嗚呼世の腐敗を正すには、誠心誠意国民に訴えるしかないのに……。その思いは共有していても、現実的な政策で折り合えず、まとまることができない。羯南は思わず原稿を書く手を止め、世の無常に流した一筋の涙をぬぐったことであろう。

大津事件の際の羯南と干城

羯南と干城の訣別は政治論の対立から来るものだけではなかった。羯南と干城の政治的見解が対立したことはこれが初めてではなかったことからもそれはわかる。

時は大きくさかのぼり『日本』が創刊して数年後の明治二十四年のことである。ロシア皇太子ニコライが日本を訪問中であった。そんな中ニコライの警備にあたっていた警察官の津田三蔵が突如サーベルでニコライを斬りつけ負傷させる事件が起こった。大津事件である。国内では「ロシアが報復として日本に攻めてくるのではないか」と激震が走った。政府は日露関係の悪化を恐れ、皇室に対する大逆罪を適用し津田を死刑にしようとした。それに対し当時大審院院長（最高裁長官）であった児島惟謙《これかた》は「法治国家として法は順守されなければならない」として、刑法に外国皇族に関する規定がなかったことから無期懲役の判決を下した。

羯南はこの児島の見解を支持、政府批判を繰り広げた。それにより厳しい発行停止処分を課され、一時は休刊も覚悟するまでに至っていた。そのうえ、支援者である干城からも、

「如何ニモ非常絶無ノ大変と考フレバ又非常絶無之所置ヲ為サルベカラズト考フ。決テ今般ノ事ヲ尋常一様ノ律ヲ以テ断ズル不可ナルヲ信ズルナリ」

という書簡を送りつけられた。要は、「非常事態なのだ。お前の論には到底賛同できない。津田は死刑にすればよいのだ」ということである。発行停止に苦しむ中で支援者からも批判される苦しい状況に追い込まれたのである。だが羯南はこれほどの苦境に陥っても自説を曲げなかった。また、干城との関係も決定的対立には至らず大津事件が落ち着くと修復された。

大津事件の際は干城と羯南の関係が修復されたにもかかわらず、日露戦争直前の時期は関係

が修復されることはなかった。やはり資金面で干城にこれ以上負担をかけられない以上、羯南は篤麿との関係を切るわけにはいかなかった。

「カネの切れ目が縁の切れ目なのか……」

羯南はこの世知辛い現実に虚しさを感じざるを得なかった。羯南にとって干城との訣別は不本意だったに違いない。

『日本』への支配を強める篤麿

こうして干城との関係を清算して篤麿の支援を仰いだ羯南であったが、政界への野心があった篤麿である。篤麿の対応は干城のような生易しいものではなかった。

明治三十四年、羯南は篤麿の清国・韓国視察旅行に同行。「自分は出不精だし社務も忙しいから」と羯南は断っていたが、ついに断り切れなくなったのである。羯南にとっては初めての海外旅行であった。この時篤麿からの援助話が具体化。「将来は篤麿の手に帰す」ものとしながら当面は羯南が実務を見るということで日本新聞社の財産一切を抵当に三万円を借り受けた。

事態はこれに留まらない。さらに篤麿は羯南に「日本興業銀行に関する社説で苦情があった」という書簡を寄越すなど編集にも介入し始めた。さらに朝日新聞社社主の上野理一などに日本新聞社の経営を任せようという相談を、羯南を抜きにして行っている。この話はほどなく流れたようだが、篤麿による『日本』の機関紙化の画策と「羯南はずし」が進行していた。羯南にとって大きな危機が訪れていたのである。

もちろん篤麿が斜陽にあった日本新聞社の支援に乗り出したのは義侠心と羯南への共感があってのことである。だが篤麿への接近は羯南の「すべての政治勢力から中立の立場にあって、日本のために言論活動を行う」という「独立新聞」の理念を揺るがしかねない問題を孕んでいた。

さらに篤麿は、『日本』の別冊として作成していた『日本週報』を国民同盟会の機関誌『東洋』と合併、『東洋』の題名を生かすよう羯南に指示した。羯南は『日本週報』を『日本付録』と改題、全八ページ中四ページを『東洋』の持ち分とするという妥協案を提示、なんとかここに落ち着かせた。しかし問題解決とは程遠く、篤麿の支配を先送りにしただけであった。

明治三十五年九月には羯南が育ての親代わりとなった正岡子規が死去。深い心の痛手を負い、意気沈滞した。

そんな中で篤麿に次に言われたことは、欧州外遊であった。これは篤麿の弟英磨の帰国を説得するよう依頼されたものである。英磨は羯南の旧主である津軽家に養子に入っていた。旅費こそ篤麿が負担する気楽な旅行ではあったが、またも羯南の命とも言える『日本』から切り離される結果となった。

明治三十六年六月、欧州旅行に出発。英磨と会い、帰国するよう説得した。ところが八月、篤麿の体調不良を知らせる電報が英磨のもとに届いた。羯南もこれを知り、二人の間には大きな動揺が走った。羯南は英磨との連絡係としてパリに足止めされることとなる。翌明治三十七年一月二十四日、羯南はようやく帰京したが、その一月一日には篤麿が病没していた。享年四十であった。

新聞経営の行き詰まり

篤麿の早すぎる死は、『日本』の身売話がうやむやになる結果となった。だがそれは羯南の新聞経営が楽になったことを意味しなかった。支援者の喪失により『日本』の経営はむしろより苦しくなっていった。

羯南は、

「昨年帰国候以来腸胃病ニカカリ、殊ニ極寒之節別して難渋仕《つかまつり》候際ニ開戦と相成《あいなり》、寝而《ねて》居ル訳ニも不参《まいらず》、且又《かつまた》近衛公薨去之為め社業ニ大蹉跌ヲ生じ、俗事一身に集り、例之津軽一件も有之《これあり》、旁《かたがた》内外奔走之為め無寸暇《すんかなく》、斯クテ七八月ニ至り身体疲労甚敷《はなはだしく》、此弱みニ乗じ直腸周囲炎と申《もうす》奇病ニ襲はれ、九月初遂ニ病臥《びょうが》之身と相成、数度の手術無其効《そのこうなく》、十月末より入院大切開ヲ受候」

と弱気なことを述べている。

羯南は新たな支援者に後藤新平をあてるべく奔走する。だが亡き篤麿への借金返済が難航し、後藤自身も反政府系の『日本』の出資者として前面に出ることを嫌ったことから、提携話は流れることとなった。

羯南は古島一雄に次のように書き送った。

「社業前一年有半之成績ヲ見レハ、吾ナガラ其無謀ニ驚キ入候。最早刀折矢尽《かたなおれやつき》、今後ハ固守猶難シ、況ヤ進取ヲヤデアル。如何ニシテヨキヤ過日来煩悶中、万不得已《やむをえず》とあれハ此際異分子と聯合《れんごう》之外無之《これなく》、是も今日之況状ニ而《テ》ハ余り条件ヲ以テ聯合六ヶ敷《むずかしく》、全ク敗北ノ地ニ立ちて降参之姿ニ相成候」

社業の成績を見れば、新しいことを始めることはおろか現状維持も難しい。どうすればよいかと悩んでいたが、この際異分子と組むこともやむを得ない。だがこれも今日の状況ではあまり条件をつけることもできず、降参するよりない状態になってしまったというのである。

この頃から羯南は病気治療のため鎌倉に隠棲することとなった。当初胃腸の病と思われていた羯南であったが、診断の結果、子規と同じく結核を患っていることが明らかになった。羯南は隠棲中も手紙で古島一雄に指示を送ったり鎌倉で社説を執筆したりするなど精力的に新聞経営を行っている。だが経営状況が改善される見込みもなく『日本』の行き詰まりは緩やかに深まっていったのである。

『日本』の売却と羯南の死

明治三十九年六月二十三日、『日本』に伊藤欽亮《きんすけ》名で「謹告」と題する文章が掲げられた。伊藤は慶應義塾出身で福沢諭吉の『時事新報』を経て、この頃は日本銀行にいた人物である。

「余は『日本』の最も重んずべき新聞紙なるを知り、這次之《しゃじ》を継承し、来る七月一日以後は余の全力を挙げて其の経営に従事せんとす」

この時をもって、『日本』は羯南の手を離れたのである。その前月の五月にはもう売却の話は固まっていたようだ。

伊藤欽亮を紹介したのは、主に日本新聞社の資金繰りを担った赤石定蔵である。赤石は羯南と同じ弘前出身で、羯南からの依頼を受け、『日本』の売却先として以前勤めていた日本銀行時代の上司伊藤欽亮を紹介したのである。

赤石定蔵は津軽藩士の次男として生まれた。定蔵は母方の赤石家が途絶えた形となったため、赤石家に養子に入ることとなった。また弟の勇蔵はのちに羯南の長女まきと結婚することになる。

定蔵は明治十七年に東京専門学校（現早稲田大学）に入学する。在学中に津軽同郷人会に出席した折、先輩であった羯南と面識を得る。同校卒業後一旦羯南の新聞社『東京電報』に入るが、明治二十四年メルボルン領事館に書記生として赴任することとなり、一旦退社する。翌年に帰朝し再び日本新聞社に入り、明治三十年には日本銀行に入行するも同行内の争議に巻き込まれ辞職し、三度日本新聞社に入り、会計責任者となった。

定蔵は火の車であった日本新聞社のため金策に走り、なんとか立ち直らせようと尽力した。羯南の死後は、明治四十三年に後藤新平の推薦で『台湾日日新報』の副社長に就任、明治四十五年には社長となった。

『日本』の売却について羯南は、

「結局借金之形ニ取られ候の事態に而、乍病中少敷遺憾《びょうちゅうながらしこしく》に不堪候《たえず》」

と残念至極であったことを書き残している。

五十にして　天命を知る　紙子かな

この頃の羯南の心境を表した俳句である。

『日本』売却のニュースは新聞界のみならず社会的にも衝撃を与えたようで、同時代の言論人山路愛山も「寝ぼけ眼をこすった」と思わず書き残すほどであった。

伊藤との売却条件は、伊藤が経営を行うが、論説は三宅雪嶺、編集は古島一雄を中心に行うという既存の『日本』の体制の維持であった。だが、だんだん伊藤が編集に口出しし始め、従来の社員とそりが合わなくなってきた。

長谷川如是閑も、それまで羯南を社長と呼んだこともない、上も下もない職場だったのに、「伊藤欽亮に新聞を譲った時に、始めて、社員のうちの一人二人が、その伊藤を『社長』と呼ぶようになった」

と戸惑いを口にしている。

こうして伊藤と雪嶺ら古参社員との溝は深まり、ついに十二月四日、三宅雪嶺、古島一雄、

第十三章　羯南の死

長谷川如是閑ら著名な古参社員のほぼ全員である二十二名が連名して辞表を提出。退社した社員の多くは雪嶺が主宰する政教社に合流した。翌年一月一日からは政教社から発行していた『日本人』を『日本及日本人』と改題、『日本』の精神を受け継ぐとした。すでに『日本人』編部の住所も給料も出所も日本新聞社となっており、両者は一体と言ってよい状況であった。連名退社した人物の中には羯南の名前もあった。病気療養中の羯南はこの移行劇には深く関与していないと思われるが、この時連名退社したのだろう。

「老生義二十年来椽《たるき》之下之力持、此度因縁ありて全く無関係に相成候。即《すなわち》江湖放浪之身聖代無用之民を以て自任し、此両三年間専《もっぱ》ら病躯静養に従事之筈に御座候」

『日本』を手放した羯南は自らを「放浪之身」「無用之民」とするほど意気消沈していた。羯南をむしばんでいた結核の病状はさらに悪化し、七月からは喀血を繰り返すようになった。羯南は、加藤拓川に「余命は長くないと感じている」と言うまでになっていた。

羯南は病気療養として鎌倉に隠棲した。そこは、近くに店屋もなく、買い出しには隣村にまでいかねばならない辺鄙なところで、敷地も狭いわびしい草庵である。羯南はここを「浦苫屋《うらのとまや》」と名付けた。拓川から鶏肉が届いたり、手紙のやり取りをしたが、他は何もない静かな生活だった。

そして『日本』を売却した翌明治四十年九月二日、朝から羯南の容態は急変。医師が呼ばれて注射を打つと、

「もーいけないのか」

と羯南はつぶやき、眠りの中に入った。

そのまま午後二時半、羯南は五十一歳（満四十九歳）でその生涯を閉じた。

九月五日、谷中全生庵で葬儀が営まれた。原敬、犬養毅、徳富蘇峰、杉浦重剛ら五百名余りが集まったという。

わたしは思う。羯南ほどカネ儲けに頓着せずに、ただ言うべきことを言うだけに全身全霊を尽くした人間はいない。そんな羯南が、金策に走り回らなくてはならなくなり、結局新聞経営もままならないばかりか自らの寿命も縮めてしまったことは不幸に思えてならない。羯南にとっての不幸であるし、日本人にとっての不幸でもある。

羯南亡き後の同志たち

古島一雄

加藤拓川

國分青厓

三宅雪嶺

羯南のため息を伝えた雪嶺の回想

羯南の文章風格を示す逸話がある。

大正七年、世間は米騒動の渦中にあった。そんな中、『大阪朝日新聞』の村山龍平社長、『大阪毎日新聞』の本山彦一社長の両名のもとに、一通の書簡が寄せられた。そこには、最近の新聞について次のような苦言が記されていた。

「最近の新聞はただ発行部数を増やすことを願う余り、誇大で煽情的な記事作りに終始している。だが、一貫した主義主張を以て権威ある言論を打ち立てるのが本来あるべき姿である。事実を迅速に伝えるのは重要だが、ただ単に早く知らせればよいというものではない。そこに思慮ある判断と適切な批判がなければならない。いまの新聞のどこにそれが見てとることができるのか。故陸羯南氏の『日本』におけるが如き権威ある風格はいまやどこに求められるだろうか」

本山社長はこの投書を読み、心打たれた。さっそく全社員を集め、読み聞かせたという。それほど羯南の文章は、当時の人々の心を打っていたのだ。

羯南の死後、多くの新聞雑誌が、時流に迎合せず、舌鋒鋭く政府を批判し、自らが目指す理念を燦然《さんぜん》と掲げ、孤高の生涯を送った羯南をほめたたえた。羯南の清廉潔白な人柄を回顧する回想も多く発表された。その中で、羯南の同世代の盟友とも言える雪嶺の回想だけが異彩を放っている。雪嶺だけは、手放しで羯南をほめたたえるだけではない、新聞を経営しなければならない中で羯南が払ってきた犠牲、苦悩から来るため息のようなものを書き残しているのである。

雪嶺は言う。

「世の新聞記者多く新聞屋と呼ばるるを忌むも、新聞屋と呼ばれざるべき資格を具《そな》ふるは、僅かに計ふべく、而して中に就て羯南は確かに第一位に居る。若し羯南の生涯に成功の跡ありとせば、新聞記者として成功せし者にして、若し失敗の跡ありとせば、新聞屋として失敗せしなり」

確かに羯南は営利を目指す「新聞屋」であることを嫌った人物だ。その意味で「新聞屋」としての成功など望んでいなかったに違いない。だが、死後の回想で「失敗した」と言い放つ盟友の姿には、どこか自嘲のような雰囲気すら感じられる。

雪嶺は次のように語る。

「陸君の一番盛んなのは矢張《やはり》条約改正当時で、其頃は人と談話をして居ても論文を書いて非常に筆が早かつたが、晩年は思ふ様に書けぬと嘆息して居た」

あまり多くは語っていないので推測するよりないが、支援者との微妙な関係に苦しみ、しかもそれが命であるはずの論説の主張にまで影響が及ばざるを得なかった羯南を見ていたからこそ、気安く言論で闘うヒーローとして追想することができなかったのではないだろうか。

羯南と雪嶺が出会ったのは明治二十一年頃、雪嶺が『日本人』の立ち上げに奔走している頃であった。『日本人』の刊行が始まった後は、雪嶺は明治二十三年から『江湖新聞』の論説担当も兼ねたが、その『江湖新聞』の第二号には羯南からの論説が掲載されている。そこでは何と「三宅雄二郎（雪嶺）氏に与へて新聞記者を辞せしむる書」という題がつけられていた。

羯南は、

「僕足下の新聞記者と為れるを聞くや窃《ひそか》に其の任に非《あらざ》るを恐るるなり」

と、雪嶺は新聞記者に向かないから辞めた方がよいというのだ。なぜなら「新聞記者は所謂る人気商売の一種」であり、「生活は華美」で「動作は敏捷」「交際は円滑」「容貌は都雅」「言語は爽快」「応対は軽妙」「文章は婉曲」でなければならないと言う。そしてこうした性質は羯南自身にも雪嶺にももっとも欠けているところなのだという。

たびたび紹介してきたとおり、羯南は言論人であることを非常に誇りに思っていた人間だ。

それがこのように自虐的なことを言うのは意外な感じがする。

しかしこの誇りと自虐はある意味で表裏一体のものだ。言論人には軽佻浮薄な人間が多く、そうした連中が成功する世界だ。自分たちにはそういう性質は持っていない。だが、そんな世の中だからこそ自分たちは篤実な言論を誇りを持って貫いていこうではないか。あえて成功するやり方を取らない意気を強く持っているからこその発言であろう。そうした点で非常に似通っていたのが、羯南と雪嶺であった。

雪嶺の反骨精神

羯南も雪嶺もその心魂を貫くのは強烈な反骨精神であった。雪嶺の反骨心と義侠心を示すエピソードがある。明治三十九年に京都帝国大学に文科を設置する案が出て、雪嶺に学長就任の話が舞い込んだ。だが雪嶺は「官吏には着かない」とこの話を一蹴した。昭和十二年の林銑十郎内閣では文部大臣への入閣要請があったが、これもにべもなく断っている。

雪嶺の真骨頂を示すのが、幸徳秋水『基督抹殺論』の序文を書いたことである。

明治四十三年、秋水は大逆事件を起こしたとされて逮捕された。冤罪であった。『基督抹殺論』

はその獄中で脱稿した秋水最後の文章である。それの序文を書くなど当局からにらまれるに決まっているのだが、雪嶺はそれに応じた。その序文で雪嶺は、秋水は師である中江兆民の恩を感じること篤く、大逆無道を試みる人間ではない、幕末に生まれれば勤王家として立ち上がったであろう、ここ数年は自暴自棄なところがあったが、無能な人間ではないと述べたうえで次のように言う。

「秋水は既に国家に在りて不忠、剰《あまつさ》へ大不忠、家族に在りて不孝、剰へ大不孝、不忠不孝の名に於て、死を求めて死に就く、悪とせんか、愚とせんか、将《は》た狂とせんか誠に適当なる形容詞なきに苦むも、窮鼠と社鼠と孰《いず》れか択《えら》ぶべしとする」

さすがに当局の弾圧を避けるためか回りくどい言い方をしているが、窮鼠とは追い詰められたネズミであり、社鼠とは社に巣食うネズミ（＝君側の奸）である。そのいずれかを選ばざるを得ない中で窮鼠の道を選んでしまったのが秋水の心であるというわけである。

この序文は秋水の死刑判決を聞いた翌日に書かれた。秋水は獄中でこの序文を知り、「ぜひ掲載してもらいたい」と熱望した。

「序文先刻下渡されて拝読。先生（雪嶺）の慈悲、実に骨身に沁みてうれしく、何となく暗涙が催された」

だが出版事務を担っていた高島米峰《べいほう》のもとに当局から出頭要請が来る。「『基督抹殺論』自体は当面の政治的見解を示した本ではないので出版を許可するが、雪嶺の序文は削除するように」との通達であった。「もし強いてこれを載せれば発売を禁止する」という恫喝までついた。高島は泣く泣く雪嶺の序文を削除した。明治四十四年二月一日、『基督抹殺論』刊行。秋水が刑死した八日後のことであった。

雪嶺はその後も『日本及日本人』、『我観』などで執筆活動をつづける。後年は娘婿の政治家中野正剛とともに言論活動を行った。

昭和二十年十一月二十六日、雪嶺は敗戦を見届けて八十五歳で死去。羯南と雪嶺は同世代で似ていたところも多かったが、短命だった羯南とは真逆に長命を得た。寿命だけでなく性格も真逆だったようで、速筆で一度書いた原稿をほとんど直さなかった羯南に対し、雪嶺は〆切までに原稿を持ってこないばかりか三校も四校もやりたがって校正係を閉口させていたという。

幸徳秋水『基督抹殺論』を復刊した野依秀市

このような経緯を持つ『基督抹殺論』。戦後、この本を復刊した人物がいた。野依秀市《のよりひでいち》である。

野依は昭和三十一年、戦後廃止された紀元節を復活させる議論が起きた際に、「これ（紀元節復活論）に異を唱える者の不心得を諭すために幸徳秋水が曽て著した『基督抹殺論』の一書を、此時此際再び世に出すことは無意義ではないと感じたのである」と、キリストの生誕日を起源とする西暦は嘘だという意味でこの本を出すのだという。戦後、反共を強く主張した野依らしいコメントではあるが、そこには複雑な思いが隠されていた。

野依は「電燈料三割値下論」を執筆した筆禍により入った獄中で幸徳と出会っていた。

「幸徳も私も共に独房生活で、入浴も一人でしか入れないのであるが、私が浴場から出ようとするトタンに看守が早まって、私の浴場に幸徳を入れてしまった。そこで一こと二こと言葉を交わすことができたわけだ」

戦前から「皇室社会主義」を標榜していた野依は決して社会主義者に憎悪の念だけを向けていたのではない。野依は自分が主宰していた『実業之日本』に、『基督抹殺論』の書評を掲載している。

「幸徳秋水が獄中病骨を訶《か》して成れるものは本書なり。文章光焔《こうえん》あり、気力あり、老吏の断獄に似たり」

堺は官憲の弾圧により『基督抹殺論』への解説掲載が叶わなかった。この書評は未然に終わった解説のやり直しの意味あいも込められていた。

野依は羯南引退後の『日本』に入社した人物であった。野依は『日本』を去り、自らの『実業之日本』を興した後も、羯南の盟友雪嶺を起用し、雪嶺の著書を刊行しつづけた。自らを「貧強新聞」と自称し、明治の藩閥、大正の官僚、昭和の軍部と権力者に噛みつきつづけた野依もまた、羯南の「子供」なのである。

羯南の墓碑銘

羯南の死は特に同級生にとっては大きな衝撃だった。羯南の同級生で、ともに『日本』にかかわった人物に國分青厓がいる。羯南が『日本』を創刊すると、青厓は漢詩で世相を皮肉る「評林」を元外務卿の副島種臣とともに担当した。青厓は副島の漢詩に深く傾倒していたのだ。青厓の「評林」は激しい内容で『日本』の名物となった。この「評林」によって発行禁止処分を受けることもあったほどで、編集長の古島一雄はよく青厓の「評林」を没にした。だが青厓はわざと遅い時間の古島がいない隙に「評林」の原稿を出し、直接印刷にまわさせたりした。

羯南は古島を叱りつけた。

「青厓の評林は新聞の論説を拾って過激に走っただけで漢詩としては陳腐極まる。われわれの見識も疑われる。青厓も悪いがおだてる君も悪い」

だが青厓は発行停止を食らっても、「これで休めるじゃないか」と全く意に介さなかったという。あまりにもたびたびなのでさすがに青厓も申し訳なく思ったのか、「社にかけた損害を弁償する」と言い出した。だが羯南はそんなカネを受け取ることはなかった。

そんな青厓だが、能筆家でもあった。染井霊園の羯南の墓碑銘は青厓が揮毫することとなっていた。だが青厓は無精してなかなか筆を執ろうとしない。羯南の死を認めたくない感情も入り混じっていたのかもしれない。加藤拓川が「お前が字を書かないからいつまで経っても羯南の墓ができないじゃないか」と怒鳴ったことでようやく重い腰を上げた。

青厓の書き上げた墓碑銘は堂々たる書であった。「羯南は中田謙斎第二子として生まれ、陸氏を名乗る。津軽の人で、安政四年十月十四日に生まれ明治四十年に五十一歳で没した。法名は文生院介然羯南居士である」と簡潔に記されている。

生前の羯南は青厓を叱り飛ばし、「辞めてもいい」とまで言い放ったこともあったが、青厓の不器用な生き方を愛し、結局青厓の発表の場を奪うことはなかった。

青厓は羯南の死後も『日本及日本人』で「評林」を書きつづけた。その数は三万首にも及ぶという。日本屈指の漢詩人だが、恬淡無欲な人柄で、自らの業績を誇示することはなかったという。

青厓は一度だけ『日本及日本人』に不満をもらしたことがあった。井上亀六が社長をやった時、『日本及日本人』は主筆の給料が高く、一般社員の給料が低い状況だった。

「陸はああいふことはしない」

論説委員も一般社員も大きな差がない給料で皆が一体となって頑張るという羯南の美意識を、青厓も大事にしていたのである。

青厓は大正時代に起こった「漢学復興運動」に関与し、大東文化学院（現大東文化大学）の創設にともない教授となった。昭和十九年三月、八十七歳で死去した。

伊藤博文を激怒させた外交官、加藤拓川

加藤拓川は羯南とともに司法省学校を退校後、外務畑で活躍し、ベルギー公使などを務めた。明治三十九年には、スイスのジュネーブで開かれた万国赤十字改正会議の全権にも任命される。この赤十字条約改正会議には、韓国が参加するかが争点となっていた。当時の日本は伊藤博文

主導で、強引に条約を結び韓国を保護国化していたからである。

スイスからは韓国へも招待状が来ていたものの、すでに韓国の外交権を事実上掌握していたため、「帝国政府ノ委員ニ於テ同時ニ韓国ヲ代表スベキ儀」を決定した。拓川は天皇からの全権委任状に「韓国」の文字がないことを理由に抵抗した。

これ自体は上意下達で拓川は押し切られてしまったが、結ばれた条約では日本とともに「韓国皇帝」も署名（拓川が代理で署名）した形式をとった。これに当時韓国統監であった伊藤がかみついたのである。伊藤は保護国である韓国の名を条約から抹消するよう要求。これは韓国に対して植民地同然の扱いをするよう要求したことになる。このことで拓川と伊藤は対立。伊藤は激怒した。拓川には帰国命令が出された。

「あまりに強引、あまりに馬鹿げている」

拓川は帰国するや否や外務省に辞表を提出。官界から去った。ちょうど羯南が亡くなる頃であった。その後拓川は大阪新報社の客員に就任して新聞記者としてデビュー。さらに明治四十一年には衆議院選挙に立候補して当選、代議士にもなった。実は明治二十四年頃、まだ若い拓川は外交官を辞めて新聞記者になろうとしたことがあった。その際に羯南に相談すると、

「日本の新聞は誠に頼りないものであるから、君には我慢ができまい」

と反対されたため外交官に留まった経緯があった。

羯南の死を受けて拓川は羯南と同じ新聞記者の道を走ることになったが、大阪新報社の借金整理に関与し退社。羯南と同じくカネ集めに苦しみ、その記者生活は長くはつづかなかった。

文に生きた羯南の人生

大正二年九月二日――。この日は羯南が亡くなってちょうど十七回忌の日にあたる。『日本及日本人』に創刊以来つづく「雲間寸観」と題したコラム記事の連載があった。執筆者は『日本』編集長であった古島一雄である。この連載は大正二年九月号をもって途絶する。最後の記事は、「陸羯南翁を憶ふ」である。
「『日本』なる新聞が、明治廿《にじゅう》二年の紀元節に当り、憲法の発布と共に、日を同うして生まれたるより、羯南の名は天下の有識者が知る所となりたるのみならず、翁が心血を濺《そそ》ぎたる経国の大文字は、実に一世を指導し、所謂一管の筆を以て国論を左右したり。当時、大隈伯が、薩摩の巨頭黒田伯を背景となし、其全勢力を挙げて条約改正の大業に当りたる時、率先して正面より之れに突撃したるは『日本』なり」

『日本』が大日本帝国憲法と同時に生まれてから陸羯南の名は天下に知られ、羯南の言論は国論を左右したのだ。

「而して羯南翁が正確なる論理を経とし、該博なる引証を緯とし、其天分なる国士的情熱を其荘重なる文字の間に生動せしむる時、如何に天下を動かしたるか。反響は直ちに全国に亘り、感激は直ちに志士の蹶起となりたるを見たる時、社中の後進は、如何に新聞記者なる天職の貴きを知り、豈に素《ただ》に社会の木鐸のみならんや、布衣の宰相、無冠の帝王、是ぞ新聞記者の本分なりとは、当時社中の信念なりしなり。社中の同人が、今尚富貴に屈せず、威武に畏れず、世俗に阿らず、昂昂然として濁流の間に卓立せるは、実に翁が打込みたる信念の賜也」

『日本』の後輩たちがカネの暴力にも権力の威圧にも屈せず、世俗に阿らず頑張っているのは、創刊以来の羯南の信念の賜なのだという。

羯南はカネ儲けに汲々とする俗世にあって堂々と国論を論じるも、社運は日に日に傾いていった。それでも羯南は「地の利がなかっただけさ」と笑っていた。

「翁逝いて已《すで》に十七年。新聞紙は悉く営業となり、新聞記者は皆な職業となる。世態人情の変化は、日本なる国家が、其国際的位置の変化より更に大なるものあり。国を思へば翁を想ひ、世を思へば更に翁を思ふ」

古島自身、どんなに貧乏してても平気な人間だった。羯南亡き後は犬養毅の秘書として軍部の威武にも屈せず、己の信念を貫いた。そこに古島なりの「羯南精神」があったのだろう。

羯南は流浪生活の中で官吏になる道を断たれ、初めて言論人になることを志した。世の中への義憤が募り、言いたいことを言わずにはおれなくなったのである。羯南には日記がなく、私事を回想する記事も非常に少ない。あくまで公論を述べることに重きを置いた言論人である。そこには己の地位や名誉を得ようという私心は感じられない。羯南自身、「己の意見が多少行われていればこれほどありがたいことはない。死後の名声などは望んでいない」と言っていた。

しかしそうした言論生活を支えるだけの経営基盤を保持するのは苦労の連続であった。特に晩年になるにしたがってカネに苦労していく。羯南の同輩、後進は「新聞記者」羯南のひそみに倣いその理想を受け継ごうとはしたが、羯南とは違い自ら「新聞屋」たらんとしたものはほとんどいなかった。時が下るにつれて記者たることはともかく、自らの理想の言論を提供する経営者たることはいっそう難しくなっていった。羯南自身ですらもそうであったと言える。

一方で権力の威武を恐れず営利の誘惑にたぶらかされず己の公論を貫くには、やはり何らかの経営基盤が必要であろう。現代においても、営利を楯に言論の場がどんどん委縮している。しかしだからといって屈したままでよいのか。義憤の矛先はどこにあるのか。だからこそ今羯南の生涯を振り返ることは重要である。

わたしは思う。羯南の言論は強い独立精神を唱えるものであった。それは「日本の独立」であったし、「日本人の独立」でもあった。すなわち条約改正問題で日本の国権を主張し欧米列強への妥協を許さなかった羯南は、貧富の格差に憤り貧困層を救いその持てる能力を発揮させる重要性を説いた羯南でもあった。国の端、辺境の地である千島や宮古島にも関心を持ち、そこに住む人々の生活にも心を配っていた羯南は、欧米列強のアジア植民地支配に危機感を持ち対抗する術を模索した羯南でもあった。親友の甥正岡子規の面倒を見、俳句革新運動に尽力させ、結核に倒れれば看病した羯南は、ついに自身も同じ病に倒れた。

その生涯を支えたエネルギーは、ひとえに「これはおかしい。正されなくてはならない」という義憤であった。羯南の人生を思うと、その精神の高邁さと先見性に気付かされる。そして何より、羯南をはじめとした先人は、公に貢献すべく奔走し、人生に真剣であった。明治の人物評論家鳥谷部春汀が評したとおり、羯南には「明晰な頭脳」に加えて「粋然たる心意《ハート》」があったのである。

羯南の法名は文生院介然羯南居士。まさに文に生きた生涯であった。

羯南の義憤

若き日の羯南（中央）、
加藤拓川（左）、國分青厓（右）

羯南の熱い心意気

歴史を学ぶということは、歴史の傍観者にならないということだ。

歴史は、所詮自分が生まれていない時代の話だ。だが、人がなぜ歴史を学び、歴史に魅せられるのかと言えば、先人の歩みを追体験し、自分もこういう生き方をしたい、しなければならないという目標となるからだろう。

闘った人間の歴史は、百年以上後の人間さえも、闘いの人生へといざなうのだ。そんな体験を、わたしは明治時代の言論人、陸羯南について経験した。

読者にとって羯南のイメージはどういうものであろうか。初めて名前を聞いたという人もいるかもしれない。一番有名なものは、俳句、短歌の復興運動を行った正岡子規の庇護者であった、というものであろう。少し歴史に詳しい人であれば、羯南が政教社グループとともに、鹿鳴館外交に象徴される、当時の欧化主義の風潮に異を唱え、日本の伝統に基づく国粋主義を主張した人だと知っているかもしれない。しかし、羯南がどういう人格で、どういう主張をしていたのか、具体的な中身まで知っているという人は多くはないだろう。

主張もさることながら、羯南が「世に訴えなければならない」と感じた熱い心意気、これこそが羯南の根幹であり、わたしが読者に感じていただきたいのはまさにこの部分なのである。

本書の眼目は、まさにこの羯南の熱い心意気を描くことにある。

羯南とわたしの出会いは学生時代にさかのぼる。

話は十五年前、わたしが二十歳だった頃だ。当時わたしは史学科に通う大学生であった。歴史好きが高じて史学科に入ったものの、専攻すべきテーマも決まっていなかった。

本を読むのは好きだったから、神保町の古本屋にはよく通っていた。神保町の交差点を超え、靖国通りをぶらぶらと歩く。ふと通りかかった大雲堂書店。店の外に出ているラック、その中に「日本の名著」シリーズが置かれていた。何種類か置かれていたはずだが、わたしの眼は不思議と三十七巻「陸羯南・三宅雪嶺」に釘付けになった。

羯南、雪嶺の名前くらいは大学受験の日本史で知っていた。鹿鳴館外交に反発して言論活動を行った人で、正岡子規の庇護者というイメージだったが、それ以上の知識はなかった。

無性に気になり、何かに吸い寄せられるように六〇〇円で買い求めたこの小冊子が、わたしの運命を変えたのである。その日から羯南は、わたしの心の師となった。羯南精神の高みに上りたいという気持ちが、わたしの志となったのである。

羯南の言論に触れたことで、対米従属、新自由主義、グローバリズムに踊る現代社会のうさん臭さが、わたしの中で自明のものとなっていった。羯南は貧しきものも救われる日本でなければならないと考えた。羯南自身維新の敗北者たる東北出身で、北海道にまで流浪したことがあった。自分も一歩間違えれば明日食うものにも困る貧困者の側であったという思いがあったからであろう。

外に卑屈な政権は、内に居丈高である。

「吾国には唯だ形骸を具《そな》うるも心魂は甚だ弱ければなり」

欧米に人種差別的扱いを受けつづけ、跳ね返すことができないのは、日本人に「心魂」が足らないからだ。そう訴える羯南は、まさに戦後日本の欺瞞をも指摘しているようだ。

わたしはすぐさま大学での専攻を羯南研究とすることにした。それだけではない。単に過去を研究するだけでなく、わたしが生きる現代社会に対しても、声をあげていかなければならないと思った。そこでブログを開設し、羯南の顔写真をアイコンとして掲げ、現代社会に対して歴史、政治、経済分野で発信を始めることとした。

「日本人には、国家が足りない」

それがわたしの思いであった。現代日本には、権力はあっても、真に全体のことを慮り、体を張っていく存在に欠けている。そう思ったのである。


その後大学院に進み、引きつづき陸羯南を専攻した。院生になったのは、その方が羯南を学ぶ時間が取れると思ったからである。自分が大学教授になれるか否かは、どうでも良かった。

主任教授からは、「羯南はメジャーすぎる」と言われていた。

全集も出ていて多くの先行研究がある羯南では、新発見はできない。だからそんなメジャーな専攻は避けろというのである。

だが、わたしにとって歴史とは、重箱の隅をつついて小発見を見出すようなものではなかった。人生の、そして日本人の指針とするために歴史を学ぶのだ。今まで他の人が言っているかどうかなど、ものの数ではなかった。「小発見」を求めるアカデミズムと、自分の志望とは相容れない存在だということがようやくわかってきたのである。わたしは教授のアドバイスを受け入れることなく、羯南研究に取り組んだ。アカデミズム的な発見のない、つまらぬ研究だったと思われただろうが、わたしにとっては重要な時間であった。

そうしたこともあって、わたしは修士で大学を離れ、会社員として働きながら自力で研究を進めることとした。正直、この生き方を固めるまでには時間がかかった。ぽっかりと穴が開いたようにやる気を失い、大学院を去ってからしばらくは職にも就かず、貯金（しかもこれは奨学金による借金だ）がどんどん減っていくのにもかかわらず何もする気になれずさまよっていた。両親との関係も一時的に険悪なものとなった。羯南には遠く及ばないものの、わたしも流浪の生活を送った経験を持つことになったわけである。運よく会社員になることはできたが、そうなれなかったらわたしも明日食うものにも困る生活になったかもしれない。なおさら経済弱者に思いを寄せた羯南の主張、人生が、わたしの主張、人生と重なっていくのを感じた。

羯南の研究、そして羯南と同じように「日本がどうあるべきか」についての発信が、わたしの生きがいとなったのである。あの日始めたブログは、大学院を辞め、やる気を失っていた時、一時更新することができずにいた。だが、職に就き生活がある程度安定した段階で、更新を再開し、今でもつづけている。

羯南の墓を訪ねる

第十五章　羯南の義憤

羯南とその仲間たちの生きざまについて、現代日本に問おうと決めた時、最初に向かった場所は、羯南の墓であった。

東京、染井霊園。ここに羯南の墓がある。

巣鴨駅から十分ほど歩くと、染井霊園につく。染井霊園には岡倉天心などの墓もある。少し迷いながらも、羯南の墓は思うより簡単に見つけることができた。

羯南の墓は、一時代を築いた高名な言論人の墓と言うには質素素朴な風情である。財産も地位も残さなかった。ただ新聞を発行しつづけることだけに全霊を注いだ人生……。羯南の墓を目にすることで、羯南の人生がどういうものであったかを自然と感得できた。

「お前は義憤を燃やしているか。憤りが足らないのではないか」

そう突きつけられている思いがして、己の無力さに愕然とする。自分の薄っぺらさを突きつけられた思いすらする。心ある人を鼓舞する文の力を信じ切れていないのではないか。そんな自省の念でいっぱいになる。

それからは、羯南について連載することが決まった時や、単行本になることが決まった時など、折に触れて羯南の墓に詣でるようになった。

本書の原稿が一とおり完成した令和二年八月十五日、お盆のご挨拶もかねてわたしは再び染井霊園の羯南の墓に詣でることにした。他の人が訪れた形跡はなく、羯南の墓には鳥のフンのような汚れも見えた。

偉大な先人である羯南が、これほどまでに等閑に付されている——。

わたしは忸怩たる思いがこみ上げ、情けない気持ちでいっぱいになった。ここまでとは想定していなかったので何も持ってこなかった。このまま見過ごすわけにもいかない。わたしは空き容器に水をくんで羯南の墓にかけ、自らの素手で羯南の墓をなでるように掃除をした。

現代日本人が忘れてしまった陸羯南という人物は、いったいどういう人物だったのか？

虎は死して皮を留め、人は死して名を残すという。

羯南は名すら残さず、言葉だけを残した。われわれは、羯南の残した言葉でその足跡をたどるよりない。

義憤の人、陸羯南

羯南は筆一本で権力に対峙し、日本人として今何ができるか、何をなすべきか真摯に訴えた。

第十五章　羯南の義憤

羯南は義憤の人だ。羯南こそ、言論で義憤を表現した人物であろう。義憤とは、正義が実現されないことに対する怒りだ。正義などと青臭いと言われるかもしれない。だが、社会全体がより良くあるためには、あえて正義を発する人もまた、社会に必要とされているのではないだろうか。現代には、それがもっとも欠けている。

義憤は社会にひらかれている怒りのことだ。義憤は人のための怒りだと言いかえてもよい。国を愛し人を愛する人でなければ、真に義憤に燃えることはできないだろう。

そう、今の日本人は、義憤を忘れているのである。

怒りの感情は、そこかしこで見られるにもかかわらずだ。

満員電車で足を踏まれた、肩がぶつかった、店員の態度が悪い。そんな小さなことから来るトラブルばかりが世にあふれている。

しかしそうした怒りは、自分のことばかりだ。うっぷんを晴らしたところで何も変わらない。

義憤はそうではない。国民を足蹴にし、富裕層ばかりを優遇し、官と財閥が癒着している。そのくせ強そうな外国には卑屈にふるまい、弱そうな外国にだけ妙に居丈高である。羯南の時代もそうであったし、現代もそうだ。

羯南は常に何かに対して怒っている。それは薩長の横暴であったり、財閥の腐敗や癒着であったり、ふがいない政治、外交であったりする。

「幕末時代は侮られて迫られ、而して不当の条約を結ぶ。明治時代も亦た侮られて拒まれ而して不当な条約を保つ。其の趣は則ち異なりと雖ども、其の帰は則ち一。誰か今日に在りて独り徳川政府のみを咎むる者ぞ。誰か独り井伊安藤の諸老を咎むる者ぞ。外人の手を握りて同胞に足を加ふる者は今日に却て多し」

政治家の連中などというのは外国と手を握って自国民を足蹴にする連中ばかりだ。幕末の頃より今日の方がかえってひどいではないか。そんな羯南の怒りである。

このように著書の中でもナショナリスティックな立場から激しく政府を批判した。発行禁止処分を受けようが、それは変わらなかった。

羯南は、政界と財界が結びついて好き放題やることに憤り、貧富の格差が広がることを憂い、日本人一人ひとりが日本のために活躍できる社会を理想とした。それはスラム街のルポや足尾鉱毒事件などの報道に表れている。外交では欧米列強の植民地支配に憤り、アジア重視の外交を訴えた。友人や社員に慕われ、彼らの面倒をよく見た。それは、父親代わりとして正岡子規の生活を支え、活動を後押ししたことなどに代表される。

羯南は新聞記者を天職ととらえ、カネや権力といった世俗的な力にとらわれることなく、人々に訴えつづけた。また、一人の人間としては、無口で熟考するタイプの朴念仁であったが、心奥に熱い思いを秘め、ひとたび筆を執れば舌鋒鋭く議論を展開した。後輩や社員にも慕われ尊敬された。多くの新聞記者、文化人を育てたことでも知られている。口で話すことは苦手だったが、書けば理路整然と私心をはさまず論じ、熱い心を冷静な語り口で論じる人物であった。

義憤を忘れた日本人よ！　羯南の生きざまを、とくと見るがいい。羯南だけではない。羯南とともに歩んだ人々もまた、義憤に燃えた日本人だった。本書に登場するどの人物も、日本の命運に真剣であり、体を張って発言することをいとわなかった。

羯南をはじめとした先人の群像劇は、若き明治日本に挺身する人々の物語だ。

現代人は、「愛国」と称してその実政権にすり寄っているだけの人物が多すぎる。政権に歯向かっても何もできやしないと、冷笑を浮かべるだけの人生か。象に向かっていく蟻でしかなかったとしても、せめて一噛みしてやろうとは思わないのか。

羯南の人生は、言論を舞台とした闘いの歴史は、現代人にとって大いに刺激となることであろう。羯南を忘れている日本人は、義憤を忘れている日本人だ。

おわりに

本書は『月刊日本』平成三十一年一月号から令和元年十二月号までの一年間、陸羯南について連載した原稿を加筆したものである。

羯南を描くのは難しい。

羯南はアカデミズムの視点から言えばほとんど語りつくされた人物である。すでに学者による評伝や論考も数多く出版され、また郷土史の分野ではエピソードの掘り起こしも進められており、本書もそうした先行研究の成果のもと成立したものである。正直に申し上げれば、事実関係においては既存の羯南研究の成果を一歩も出るものではないことを告白する。

にもかかわらず、いまだに羯南はアカデミズムの分野から一歩外に出ると知名度を得ているとはいえない。「くがかつなん」と読み、弘前の出身で、明治時代に活躍した言論人で……と一から語り始めなくてはならない。福沢諭吉や徳富蘇峰といった当時並び称された人物と比べても、その知名度は低いと言わざるを得ない。現代人に羯南を今一度見直すきっかけがあれば

おわりに

と常々思っていたところ、『月刊日本』編集部から連載の話を頂戴した。『月刊日本』の題号の由来も陸羯南に倣ってとのことであり、身の引き締まる思いであった。

なお本書の執筆にあたっては、羯南や当時の人々の「熱さ」「真摯さ」を現代人に示せるよう心掛けた。既存の羯南研究は学術研究らしく事実関係において正確であろうとするあまり、客観的で冷静な筆致になっており、読者に羯南の世界に没入させないきらいがあった。むしろ「活劇」のように登場人物が躍動できないかと、非才ながら努めた次第である。そのため、羯南をはじめとした当時の人の発言はわたしが論説を会話化したもの等が多々含まれることをご寛恕いただきたい。


本書の成立にあたっては多くの方のお世話になりました。K&Kプレスの南丘喜八郎社長には、同社が発行している雑誌『月刊日本』への連載企画の段階から、「お前、羯南に惚れているんだろう？ だったら羯南を書け！」と背中を押してくださいました。連載中も、単行本企画の際も、常にわたしの思いを生かす手段を考えていただきました。篤く御礼申し上げます。

連載・単行本担当である杉原悠人様には、連載時から熱く語り合い、時には喧嘩もしつつ完成までこぎつけることができ、感謝しております。

『月刊日本』編集部の皆様には、連載時から単行本完成に至るまで暖かい励ましをいただきました。坪内隆彦編集長、中村友哉副編集長、編集総務の牧田龍様、中島祥江様に御礼申し上げます。

ガルメラ商会の高野アズサ様には表紙のデザインを担当していただきました。高野様も連載時から激励いただいており、感謝申し上げます。

青森県近代文学館様、弘前市立郷土文学館様、金沢ふるさと偉人館様には、羯南の関連写真をご提供いただきました。心より感謝いたします。

佐高信先生、青木理先生には編集部を通じ、帯の推薦文をいただきました。ご多忙の折誠に恐れ入ります。ありがとうございました。

その他お名前を書ききれないほど多くの方に連載時から励ましのお言葉をいただきました。重ねて御礼申し上げます。

本書が羯南への関心喚起のみならず、無力感漂う現代の政治、言論の状況に一石を投じるものになれば幸いです。

令和二年八月三十日

著者識

陸羯南関連年表

和暦	西暦	年齢	羯南の事績	国内外の出来事
安政四	一八五七	0	弘前にて生誕	
明治元	一八六八	11		戊辰戦争。五カ条の御誓文。
四	一八七一	14	古川（工藤）他山の塾に入門。	廃藩置県。日清修好条規。
六	一八七三	16	東奥義塾に入学。	徴兵令。地租改正。明治六年の政変。
七	一八七四	17	官立宮城師範学校入学。	民選議院設立建白書。台湾出兵。
九	一八七六	19	宮城師範学校を退校。司法省法学校入学。	日朝修好条規。廃刀令。秩禄処分。
一〇	一八七七	20		西南戦争。
一二	一八七九	22	司法省法学校を退校。青森新聞社入社。	琉球処分。
一三	一八八〇	23	青森新聞社退社。紋鼈製糖所に勤務。	
一四	一八八一	24	同製糖所を退所。上京して翻訳業に就く。	明治十四年の政変。国会開設の勅諭。
一六	一八八三	26	太政官御用掛文書局に勤務。	鹿鳴館完成。
一七	一八八四	27	今居てつと結婚。	清仏戦争。甲申事変。

和暦	西暦	年齢	羯南の事績	国内外の出来事
一八	一八八五	28	『主権原論』(ジョセフ・ド・メーストル原著)出版。内閣官報局編集課長となる。	内閣制度発足。第一次伊藤博文内閣成立(井上毅外務大臣)。天津条約。
一九	一八八六	29		大同団結運動。ノルマントン号事件。
二〇	一八八七	30	谷干城、条約改正案に反対して閣僚辞任。	三大事件建白運動。保安条例。
二一	一八八八	31	内閣官報局を退職して『東京電報』創刊。三宅雪嶺ら『日本人』創刊。	黒田清隆内閣発足(大隈重信外務大臣)。
二二	一八八九	32	『日本』創刊。日本倶楽部結成。	大日本帝国憲法。条約改正反対運動。
二三	一八九〇	33		教育勅語。第一回帝国議会。
二四	一八九一	34	福富孝季歿(34)。東邦協会結成。『近時政論考』出版。	足尾銅山鉱毒事件。
二五	一八九二	35	正岡子規、日本新聞社入社。『原政及国際論』、笹森儀助『千島探検』、	大津事件。
二六	一八九三	36	櫻田文吾『貧天地饑寒窟探検記』出版。	
二七	一八九四	37	笹森儀助『南洋探検』出版。	東学党の乱。日清戦争。

陸羯南関連年表

二八	一八九五	38		下関条約。独仏露三国干渉。
二九	一八九六	39	父謙斎没（80）。第2次松方内閣に参画。	第二次松方内閣成立。
三〇	一八九七	40	伊東重『養生哲学』出版。	朝鮮が国号を大韓帝国と改める。
三一	一八九八	41	高橋健三没（48）。谷干城・田口卯吉『地租増否論』出版。東亜同文会結成。	米西戦争。戊戌の政変。
三二	一八九九	42	長男乾一誕生。	ハーグ平和会議。米、対中門戸開放宣言。
三三	一九〇〇	43	長男乾一没（1）。国民同盟会結成。	義和団事件。
三四	一九〇一	44	近衛篤麿の支援が始まる。清韓視察旅行。	北京議定書。田中正造が天皇に直訴。
三五	一九〇二	45	国民同盟会解散。正岡子規没（36）。	日英同盟協約。
三六	一九〇三	46	近衛篤麿の依頼で欧州視察旅行。	宮古島人頭税廃止。露、満州占領。
三七	一九〇四	47	近衛篤麿没(40)。欧州から帰国後に病臥。	日露戦争。
三八	一九〇五	48		ポーツマス条約。日比谷焼討事件。
三九	一九〇六	49	『日本』を売却。旧社員は一斉に退職。	
四〇	一九〇七		『日本人』が『日本及日本人』に改題。療養先の鎌倉の別邸で死去。	英仏露三国協商。

主要参考文献

【史料】

西田長寿、植手通有編『陸羯南全集』全十巻（一九六八～八五、みすず書房）
梶井盛編『羯南文集』（一九一〇年、蟠龍堂）
鈴木虎雄輯『羯南文録』（一九三三年、陸四郎発行）
陸羯南『近時政論考』（一九七二年、岩波文庫 解説 植手通有）
植手通有編『近代日本思想体系 四巻 陸羯南集』（一九八七年、筑摩書房）
鹿野正直編『日本の名著三七 陸羯南、三宅雪嶺』（一九八七年、中央公論社）
松本三之介編『明治文学全集三七 政教社文学集』（一九八〇年、筑摩書房）
『日本 復刻版』（一九八八～九一年、ゆまに書房）
陸實編『臨淵言行録』（一八九二年、日本新聞社）
杉浦重剛立案、福本日南記『樊噲夢物語――一名 新平民回天談』（一八八六年、沢屋）
福本日南『日南集』（一九一一年、東亜堂）
福本日南『菅沼貞風略伝』（一九四一年、東半球協会）
福本日南『元禄快挙録』（一九三九年、岩波文庫）
橘文七『国士杉浦重剛』（一九二九年、昭和教育社）
佐藤紅緑「浪人を論じて飄亭を弔ふ」（『日本及日本人』一九三七年八月号）

主要参考文献

櫻田文吾『貧天地饑寒窟探検記』（一八九三年、日本新聞社）
櫻田文吾『皇陵参拝記』（一八九七年、裳華書房）
中川清編『明治東京下層生活誌』（一九九四年、岩波文庫）
田中正造全集編纂会編『田中正造全集』全十九巻（一九七七〜八〇年、岩波書店）
由比正臣、小松裕編『田中正造全集』（一）（二）（二〇〇四〜二〇〇五年、岩波文庫）
奈良本辰也編『吉田松陰著作選』（二〇一三年、講談社学術文庫）
松原岩五郎『最暗黒の東京』（一九八八年、岩波文庫・二〇一五年、講談社学術文庫）
谷干城、田口卯吉著『地租増否論』『続地租増否論』（一八九八〜九九年、日本新聞社）
正岡子規『病牀六尺』（一九二七年、岩波文庫）
正岡子規『筆まかせ抄』（一九八五年、岩波文庫）
正岡子規『子規紀行文集』（二〇一九年、岩波文庫）
古島一雄『一老政治家の回想』（一九七五年、中公文庫）
長谷川如是閑『ある心の自叙伝』（一九八四年、講談社学術文庫）
徳富蘇峰『蘇峰自伝』（一九三五年、中央公論社）
大久保利謙『明治文學全集三五　山路愛山集』（一九六五年、筑摩書房）
三宅雪嶺「序」幸徳秋水『基督抹殺論』所収（一九五四年、岩波文庫）

【評伝、論文集】
『陸羯南会誌』一〜十号（二〇一一〜二〇年、陸羯南会）

有山輝雄『陸羯南』(二〇〇七年、吉川弘文館)
稲葉克雄『青森県の近代精神』(一九九二年、北の街社)
稲葉克雄『陸羯南の津軽』(二〇〇七年、陸羯南生誕百五十年没後百年記念事業実行委員会)
稲葉克雄『私の落ち穂拾い――昭和の庶民、そして陸羯南、安藤昌益』(二〇一一年、北方新社)
鎌田慧『反骨のジャーナリスト』(二〇〇二年、岩波新書)
葛生能久『東亜先覚志士紀伝』下巻(一九六六年、原書房)
小山文雄『陸羯南――「国民」の創出』(一九九〇年、みすず書房)
坂本多加雄『市場・道徳・秩序』(一九九一年、創文社)
佐藤能丸『志立の明治人 下巻』(二〇〇五年、芙蓉書房出版)
鈴木啓孝『原敬と陸羯南――明治青年の思想形成と日本ナショナリズム』(二〇一五年、東北大学出版会)
舘田勝弘「陸羯南」郡千寿子・仁平政人編『青森の文学世界――〈北の文脈〉を読み直す』所収(二〇一九年、弘前大学出版会)
中川未来『明治日本の国粋主義思想とアジア』(二〇一六年、吉川弘文館)
中野目徹『明治の青年とナショナリズム 政教社・日本新聞社の群像』(二〇一四年、吉川弘文館)
野口伐名『陸羯南――愛国心・教育・博愛』(二〇〇七年、弘前学院)
朴羊信『陸羯南 政治認識と対外論』(二〇〇八年、岩波書店)
本田逸夫『国民・自由・憲政――陸羯南の政治思想』(一九九四年、木鐸社)
松田宏一郎『陸羯南 自由に公論を代表す』(二〇〇八年、ミネルヴァ書房)
松田修一『道理と真情の新聞人 陸羯南』(二〇一五年、東奥日報社)

主要参考文献

丸谷嘉徳『陸羯南研究』（一九九〇年、勁草出版サービスセンター）
丸山眞男「陸羯南」『戦中と戦後の間』所収（一九七六年、みすず書房）
吉田義次『国士陸羯南』（一九四四年、昭和刊行会）
安養寺信俊「丸山幹治の日本主義」（二〇一三年、『日本歴史』所収）
江宮隆之『昭和まで生きた最後の大名 浅野長勲』（二〇〇八年、グラフ社）
荻原隆『日本における保守主義はいかにして可能か――志賀重昂を例に』（二〇一六年、晃洋書房）
加賀谷真澄「桜田文吾『貧天地飢寒窟探検記』の貧困表象」松田幸子、笹山敬輔、姚紅編『異文化理解とパフォーマンス』所収（二〇一六年、春風社）
紀田順一郎『東京の下層社会』（二〇〇〇年、ちくま学芸文庫）
結束博治『醇なる日本人――孫文革命と山田良政・純三郎』（一九九二年、プレジデント社）
小林和幸『谷干城 憂国の明治人』（二〇一一年、中公新書）
小林和幸『近現代日本 選択の瞬間』（二〇一六年、有志舎）
小林和幸『「国民主義」の時代――明治日本を支えた人々』（二〇一七年、角川選書）
小林和幸編著『明治史研究の最前線』（二〇二〇年、筑摩選書）
佐藤卓己『天下無敵のメディア人間 喧嘩ジャーナリスト野依秀市』（二〇一二年、新潮選書）
司馬遼太郎『街道をゆく 四一 北のまほろば』（二〇〇九年、朝日文庫）
司馬遼太郎『ひとびとの跫音 上下』（一九九五年、中公文庫）
島内景二『大和魂の精神史』（二〇一五年、ウェッジ）
坪内隆彦『維新と興亜に駆けた日本人――今こそ知っておきたい二十人の志士たち』（二〇一一年、展転社）

坪内祐三『慶応三年生まれ 七人の旋毛曲り』（二〇〇一年、マガジンハウス）
翟新『東亜同文会と中国――近代日本における対外理念とその実践』（二〇〇一年、慶應義塾大学出版会）
長井純市『河野広中』（二〇〇九年、吉川弘文館）
中野目徹『政教社の研究』（一九九三年、思文閣出版）
中野目徹『三宅雪嶺』（二〇一九年、吉川弘文館）
成澤榮壽『伊藤博文を激怒させた硬骨の外交官 加藤拓川』（二〇一二年、高文研）
林新、堀川惠子『狼の義――新 犬養木堂伝』（二〇一九年、角川書店）
広瀬玲子『国粋主義者の国際認識と国家構想――福本日南を中心として』（二〇〇四年、芙蓉書房出版）
松田修一『我、遠遊の志あり――笹森儀助風霜録』（二〇一四年、ゆまに書房）
松本健一「高島炭鉱と近代化の終焉」『眼の思考』所収（一九八八年、學藝書林）
松本健一『昭和史を影で動かした男 忘れられたアジテーター・五百木飄亭』（二〇一二年、新潮選書）
三浦顕一郎『田中正造と足尾鉱毒問題』（二〇一七年、有志会）
宮澤誠一『近代日本と「忠臣蔵」幻想』（二〇〇一年、青木書店）
山内玄三郎『大世積綾舟――人頭税廃止と黒真珠に賭けた中村十作の生涯』（一九八三年、言叢社）
山本茂樹『近衛篤麿――その明治国家観とアジア観』（二〇〇一年、ミネルヴァ書房）
山本武利『近代日本の新聞読者層』（一九八一年、法政大学出版局）

※復刊等で複数回刊行されているものに関しては、筆者が参考にした版を記した。

写真提供

青森県近代文学館　「羯南の書（短冊）」「羯南の墓」

弘前市立郷土文学館　「明治16年 羯南、加藤拓川、國分青厓」「明治21年 羯南と古島一雄」「羯南と妻てつ」「日本新聞社員一同」「加藤拓川と碁を打つ羯南」「羯南の著作」「羯南と近衛篤麿」「明治37年 晩年の陸羯南」「若き日の羯南、加藤拓川、國分青厓」

金沢ふるさと偉人館　「三宅雪嶺」

小野耕資（おの・こうすけ）
昭和六十年神奈川県生まれ。青山学院大学文学研究科史学専攻博士前期課程修了。著書に『資本主義の超克　思想史から見る日本の思想』（展転社）、共著に『権藤成卿の君民共治論』（展転社、権藤成卿研究会編）。

筆一本で権力と闘いつづけた男　陸羯南《くがかつなん》

2020年10月31日　第1刷発行

著　者　小野耕資
発行者　南丘喜八郎
発行所　株式会社　ケイアンドケイプレス

〒102－0093
東京都千代田区平河町2－13－1　相原ビル5階
TEL　03－5211－0096
FAX　03－5211－0097
印刷・製本　中央精版印刷　株式会社
乱丁・落丁はお取り替えします。

ISBN　978-4-906674-76-3
2020 Printed in Japan